Ik ben de Poort

Eerder verschenen van Paul Ferrini bij uitgeverij Ankh-Hermes:

Liefhebben zonder voorwaarden (4e)
Stilte van het hart (2e)
Stappen naar een goede relatie (2e)
Het wonder van de liefde
Terug naar onschuld

Paul Ferrini

Ik ben de Poort

Tweede druk

Uitgeverij Ankh-Hermes bv – Deventer

Oorspronkelijke titel *I am the Door*, uitgegeven door
Heartways Press, Greenfield, MA, Verenigde Staten.

Vertaling: Kaja van Grieken

Eerste druk 2001
Tweede druk 2001

CIP-gegevens
ISBN: 90 202 82409
NUGI: 626
Trefwoord: Christusbewustzijn

Inhoud

Het geschenk

Het geschenk

God heeft je voor onderweg één geschenk gegeven, niet meer. Hij zei: 'Mijn zoon, onthoud dat je altijd van gedachten kunt veranderen.'
Hij zei niet: 'Ga niet weg, zoon.' Hij zei niet: 'Zoon, je zult je ellendig voelen, totdat je terugkomt bij Mij.' Hij zei louter: 'Onthoud dat je altijd van gedachten kunt veranderen.'
Je kunt je standpunt wat betreft elke pijnlijke en niet-vergevingsgezinde gedachte die je denkt, herzien. Je kunt elke ontevreden gedachte in twijfel trekken en een andere gedachte denken, die je vrij maakt en je hart laat volstromen van vreugde.
God heeft niet gezegd: 'Ik zal Mijn zoon geen fouten laten maken.' Hij zei: 'Ik vertrouw erop dat je terugkomt en geef je een geschenk waarmee je de weg naar huis vindt.'
Al jouw fouten betekenen niets voor God. Voor Hem ben je gewoon een kind dat zijn omgeving verkent en zich met vallen en opstaan de regels die er gelden eigen maakt.
God heeft die regels niet opgesteld. Die heb jij gemaakt. Je vergat slechts één ding, en dat gaf God je, tezamen met zijn zegen. Hij zei: 'Waar je tocht je ook heen voert, zoon, onthoud dat je altijd van gedachten kunt veranderen.'
Met één enkele liefdevolle gedachte maakte Hij iets wat jij definitief wilde maken, tot iets tijdelijks. Hij maakte wat jij werkelijkheid wilde maken tot onwerkelijkheid.
Jij hebt de as van de dood geschapen. Hij schiep de vleugels van de feniks. Op elke ontevreden gedachte die jij placht te denken, gaf God een eenduidig antwoord: 'Onthoud, zoon, dat je altijd van gedachten kunt veranderen.'
Je probeerde, net als Prometheus, het vuur van de goden te ste-

len. Maar Hij heeft je daar niet voor gestraft. Hij heeft je niet aan een rots vastgeketend, waar je tot in de eeuwigheid je dagen moet slijten, met de gieren als enig gezelschap. Hij zei: 'Neem het heilige vuur, zoon, maar wees voorzichtig en onthoud dat je altijd van gedachten kunt veranderen.'

Net als Adam en Eva stond je in de tuin en werd nieuwsgierig, je wilde meer weten over goed en kwaad. Toen Hij wist dat je verlangen naar kennis niet over zou gaan, stuurde Hij de heilige slang naar je toe met een appel, en nodigde je uit ervan te eten. Hij heeft je – in tegenstelling tot de wijdverbreide opvatting – niet slinks tot de zonde overgehaald en vervolgens uit de hof verdreven. Hij zei alleen: 'Voorzichtig, mijn zoon. Als je deze vrucht eet, zul je de wereld anders gaan zien. Het kan zijn dat deze tuin er dan plotseling uitziet als een droge woestijn, waar helemaal niets groeit. Je lichaam, met al zijn onschuldige gratie en heelheid, kan duistere verlangens lijken te herbergen, waarvoor je je schaamt. Je denkgeest, die nu deelheeft aan al Mijn gedachten, denkt wellicht gedachten die tegengesteld zijn aan de Mijne. Je belevingswereld en al wat je meemaakt wordt doordrongen van dualiteit en gevoelens van afgescheidenheid. Uit het kleine hapje dat je op het punt staat te nemen kan dit alles, en meer, voortkomen, maar onthoud, zoon, dat je altijd van gedachten kunt veranderen.'

Het is niet alleen zo dat God je niet veroordeelt om je fouten, Hij houdt zich er zelfs niet mee bezig. Hij weet dat het kind zich brandt aan een open vuur. Maar hij weet ook dat het kind zal leren het vuur voorzichtig brandende te houden en te benutten om zichzelf te verwarmen en zijn pad te verlichten.

Hij weet dat jouw besluit om te willen 'weten' je in gevaarlijke situaties zal brengen, situaties waarin je denkt dat je geluk afhankelijk is van de manier waarop iemand anders je behandelt, situa-

ties waarin je vergeet dat je *geen* kwetsbaar organisme in een dorre en vijandige omgeving bent.
Hij weet dat je je oorsprong zult vergeten en dat er momenten zullen komen waarop de hof slechts een vage herinnering is, en dat zelfs het bestaan ervan twijfelachtig is. Hij weet dat er momenten zullen komen waarop je Hem de schuld geeft van al je moeilijkheden en vergeet dat jij degene was die verkoos te 'weten'. Maar daar houdt Hij zich helemaal niet mee bezig. Want vlak voordat jij vastbesloten vertrok voor je tocht der afscheiding, zei Hij: 'Nog even, zoon. Het kan lang duren eer we elkaar weer zien. Wil je alsjeblieft dit eenvoudige geschenk van Me aannemen en het waar je ook gaat bij je houden, ter herinnering aan Mij?'
De meesten van jullie herinneren zich niet dat je antwoordde: 'Ja, Vader.' Maar ik verzeker je dat je dat zei. En dus ging de stem van God met je mee toen je in ballingschap ging. En die is nog steeds bij je.
Dus als je je eenzaam en verlaten voelt, als je vergeet dat jij deze tocht gekozen hebt, onthoud dan: *je kunt altijd van gedachten veranderen*. Ik ben hier om je te helpen je dat te herinneren. Dit is niet mijn geschenk, maar Gods geschenk aan jou. Omdat ik het geschenk van Hem gekregen heb, kan ik het aan jou geven. En als jij het van mij krijgt, kun jij het aan je broeder of zuster geven.
Maar ik waarschuw je: houd je niet bezig met de identiteit van de gever. Ik ben niet van belang. Ik ben het geschenk niet, maar degene die het aanreikt, zoals ook jij dat bent. Laat ons de oorsprong van het geschenk in gedachte houden, zodat we het vrijelijk kunnen geven en ontvangen.
God gaf je het geschenk van vergeving. Dat geschenk reist, waar je ook gaat, met je mee. Wanneer je er niet op vertrouwt,

stuurt Hij je Zijn zoon om je aan het geschenk te herinneren.
Er zijn vele lichtwezens neergedaald als de Christus, die dat simpele geheugensteuntje meebrachten. Ze hebben allemaal hetzelfde doel, want Christus is geen persoon, maar de hoeder van de vlam, de gever van het geschenk, de boodschapper van de liefde. Hij straalt licht uit, omdat hij zich in de duisternis van de wereld het licht herinnerde. Hij straalt liefde uit, omdat hij het geschenk ontvangen heeft en heeft geleerd het zonder voorwaarden te geven aan eenieder die het wil ontvangen.

Jij bent de poort

Jij bent de poort

Je hebt me horen zeggen: 'Ik ben de weg, de waarheid en het leven.' Die uitspraak geldt evenzeer voor jou. De waarheid, het pad naar het goddelijke, het leven van de getuige, stroomt door jouw hart. Zonder jou is er geen weg, geen waarheid, geen leven.

*

Je hebt je zo op mijn grootsheid gericht dat je je eigen grootsheid vergeten bent. Je ging voorbij aan het feit dat de wereld alleen vergeving kan krijgen via jou.

*

Haal me van mijn voetstuk, mijn broeder of zuster, en zet me neer waar ik thuishoor, naast jou. Ik ben jouw onvoorwaardelijke en volkomen gelijke. Wat ik gedaan heb, zal ook jij doen.

*

Je wordt niet gered door *mijn* gedachten en daden, maar door die van jezelf. Pas wanneer jij de Christus wordt, zal de wereld vrede kennen.

*

Jij bent geen slachtoffer van de wereld, maar iemand die de sleutel naar de vrijheid in handen heeft. In jouw ogen vonkt het goddelijk licht dat alle schepselen wegvoert uit de duisternis van angst en wantrouwen. En in jouw hart huist de liefde die

het leven geeft aan de talloze schepselen in het universum.
Jouw wezen is ongeschonden, heel, dynamisch en creatief. Het wachten is op jouw vertrouwen.

*

Maria en ik zijn geen van beiden spiritueler dan jij. We zijn in alle opzichten hetzelfde als jij. Jouw verdriet is ons verdriet. Jouw vreugde is onze vreugde. Als dat niet zo was, konden we geen onderricht komen geven.
Houd ons niet op een afstand. Sluit ons in je armen als je gelijke. Maria had je moeder kunnen zijn. Ik had je zoon kunnen zijn.

*

Als je aan me denkt, sta dan niet te veel stil bij de 'wonderbaarlijke' dingen die ik gedaan heb. De kracht van de liefde zal in jouw leven wonderen doen die even geweldig zijn als die welke aan mij worden toegeschreven. Want liefde is het enige wonder, jij – of ik – niet.
Laten we niet met de eer gaan strijken voor iets wat liefde gedaan heeft of doet. Alle lof komt toe aan degene die ons liefhad zonder voorwaarden, lang voordat wij zelfs maar wisten wat liefde was, of wat de afwezigheid ervan voor ons zou kunnen betekenen.

*

Jij bent één van de facetten van de veelzijdige diamant van Gods liefde en genade. De schoonheid van het ene facet staat de pracht van een ander facet niet in de weg, maar voegt er juist iets aan toe, zowel in reikwijdte als in intensiteit. Wat het ene facet laat stralen staat alle facetten ter beschikking. Het licht in mij huist ook in jou.

*

Wat ik jou bied is een levende leer, niet slechts een aantal abstracte overtuigingen. Mij volgen betekent méér dan mijn woorden prediken. Het betekent: mijn voorbeeld volgen.
Kijk naar mijn voorbeeld, niet om mij te kunnen aanbidden, maar opdat je begrijpt wat mogelijk is voor jou.

*

Geen mens zal liefde weigeren wanneer ze zonder voorwaarden gegeven wordt. En wie anders dan jij, mijn broeder of zuster, kan haar geven?
Vandaag drink je ten diepste van de fontein van mijn liefde. Morgen ben jij de fontein.

De wens om met mij te communiceren

Ieder van jullie kan een persoonlijke relatie met mij aangaan. Die relatie ontstaat eenvoudigweg zodra je die wilt en erop gaat vertrouwen. Het enige vereiste is de simpele maar oprechte behoefte aan mijn vriendschap.

*

De wens om met mij te communiceren is van wezenlijk belang wanneer je de deur naar mijn aanwezigheid wilt openen. Ik ben je precies zo nabij als jij me wilt laten zijn. Dat komt doordat ik al een gedachte in jouw denkgeest ben. En alles wat ik ben komt voort uit die gedachte, net zoals alles wat ik niet ben uit een andere gedachte voortkomt.

*

Ik ben een gedachte zonder beperkingen, want ik breid me steeds verder uit in de vormloosheid van God. Ik kan door geen enkele vorm omvat worden. Ik heb me in volmaakte vergeving met God verenigd. Ik ben vrij van schuld. Ik ben vrij van wrok. Ik geloof niet dat men mij kwaad kan doen, en evenmin dat ik de macht heb een ander kwaad te doen.

*

Door wat je denkt besluit je met mij mee te gaan of van me weg te lopen. Als je wilt zijn zoals ik ben, moet je leren denken zoals ik. Je moet gedachten die je niet verder helpen liefdevol onderkennen en voorzichtig loslaten. Dan blijven er daarna alleen gedachten over die je gelukkig maken en terugbrengen bij de waarheid.

*

Jullie zijn stuk voor stuk meester in het verdraaien van de waarheid. Maar het simpele feit dat jullie de waarheid verdraaid hebben, betekent niet dat de waarheid niet meer waar is. Het betekent slechts dat jullie erin geslaagd zijn de waarheid voor jezelf te verbergen.

*

Mijn leer is verwrongen en zal verwrongen blijven worden, omdat hij een bedreiging vormt voor elke valse gedachte. Daarom vraag ik jullie ook waakzaam te zijn. Eén enkele valse gedachte kan degene die hem denkt tot wanhoop drijven. Maar één enkele ware gedachte brengt het koninkrijk weer in orde.

De waarheid is een open deur

De waarheid is een deur die altijd openstaat. Je kunt die deur niet dichtdoen. Je kunt besluiten hem niet binnen te gaan. Je kunt de andere kant uit lopen. Maar je kunt nooit zeggen: 'Ik probeerde naar binnen te gaan maar de deur zat dicht.' De deur is nooit dicht, voor jou noch voor enig ander.

*

Je hoeft God niet te zoeken, want God is al wat jij in wezen bent. Ontdoe je simpelweg van alle oordelen en gedachten die geen zegen zijn voor jou en anderen. Dan wordt de sluier opgelicht en blijft alleen God over.

*

Zodra illusies worden opgegeven, verschijnt de waarheid. Zodra de afscheiding wordt opgeheven, komt de oorspronkelijke eenheid onveranderd tevoorschijn. Wanneer je ophoudt je anders voor te doen dan je bent, wordt duidelijk zichtbaar wat je bent.

Christus is een Vriend

Een Vriend is de Christus in jou. Het maakt niet uit hoe je hem of haar noemt. Een Vriend is iemand die het allerbeste met je voorheeft. Een Vriend is iemand die het allerbeste met anderen voorheeft.

Een Vriend is iemand die vrij is van oordelen, iemand die jou en anderen onvoorwaardelijk accepteert. Die Vriend huist in het hoofd en het hart van ieder mens.

Een Vriend is de belichaming van de liefde. Zij/hij heeft vele namen en gezichten.
God en de Vriend zijn altijd één. Als je naar de Vriend in je binnenste toe gaat, is het God die je voetstap hoort.

De oorspronkelijke vonk

In jouw hart en denkgeest huist nog steeds de oorspronkelijke scheppende vonk waaruit je bent voortgekomen. Die hoort bij jou en kan je nooit verlaten. Waar je leven je ook brengt, hoe ver je ook van het pad af mag dwalen, je kunt die goddelijke vonk in je eigen bewustzijn nooit doven. Dat was en is Gods geschenk aan jou.
Je kunt het geschenk vergeten, maar het niet teruggeven. Je kunt het negeren en loochenen, maar het niet 'ongeschapen' maken. Hoe dieper het duister waar je doorheen gaat, des te zichtbaarder het vonkje wordt. Het trekt je aandacht als een baken en doet je terugdenken aan je essentie en de plek waar je vandaan komt.
Als je die vonk erkent en koestert, neemt het licht in jou toe. Hoe meer aandacht je eraan geeft, des te groter het wordt, totdat je hele wezen door licht omringd wordt. Zelfs volslagen vreemden voelen zich geraakt door de stralen van jouw liefde.
Dan word ook jij de Vriend, de Christus, de Boeddha, de Meedogende.

Het licht van de waarheid

Het licht van de waarheid leeft zelfs op de donkerste plekken. Er bestaat niet zoiets als de totale afwezigheid van licht. Duisternis bestaat slechts in relatie tot het licht. Elke vorm van duisternis is 'op weg zijn naar het licht'. Hoe groot je verdriet ook is, het wordt bepaald door de mate waarin je gebukt gaat onder de afwezigheid of het verlies van liefde. Elke vorm van verdriet is 'op weg zijn naar liefde zonder voorwaarden'.

*

Je bent hier om de duisternis die je in jezelf en anderen ziet binnen te gaan en het licht dat daar leeft te ontdekken. Wanneer je het licht eenmaal gevonden hebt – hoe onbeduidend het ook mag lijken – zal je leven nooit meer hetzelfde zijn. Een lichtdrager trekt het licht dat zij/hij draagt nooit in twijfel. En dus kan zij/hij het geduldig en zonder angst aan anderen aanbieden.

Woorden en concepten

Woorden en overtuigingen die jou van anderen scheiden, moet je ter zijde leggen. Als je in vrede door het leven wilt gaan, kijk dan naar wat je met anderen gemeen hebt en zie voorbij aan de verschillen die je tegenkomt.

*

God heeft vele manieren om ons thuis te brengen. Denk niet dat aan hen die een ander pad naar huis kiezen de redding ontzegd zal worden. De waarheid doet zich in allerlei maten en vormen voor, maar blijft één eenvoudige waarheid. Je moet leren de waarheid in elke vorm, in elke situatie te zien.

De taal van de liefde

Je liefde uit zich ongeacht wat je gelooft. De taal van de liefde is geen taal van woorden. Woorden en concepten kunnen je hart niet openen. Alleen liefde kan je hart openen. Als je liefde in je hart hebt, opent het pad zich voor je. Je daden vloeien spontaan uit je voort. Je bent niet verlegen, ambivalent of weifelmoedig. Want dat zijn geen eigenschappen van de liefde.

Spiritualiteit

Spiritualiteit en religie zijn niet noodzakelijkerwijs hetzelfde. Religie is de uiterlijke vorm; spiritualiteit is het innerlijke, de inhoud. Religie is de schil; spiritualiteit is het zaad. Religie is een aantal overtuigingen; spiritualiteit is een reeks ervaringen.

❋

Spiritueel zijn betekent dat je jezelf en anderen zonder oordeel bekijkt, dat je niet alleen met je ogen maar ook met je hart kijkt. Als je met je hart kijkt, zie je overal schoonheid, zelfs in het lijden. Overal waar het hart geraakt wordt door de scherpe kanten van het leven, is er schoonheid. Er is schoonheid in de regen en de wolken, en er is schoonheid in de zon. Er is schoonheid in eenzaamheid en in intimiteit, in de lach en in de traan.

Gods kinderen

Jij bent Gods kind, net als ik. Alles wat goed en waar is aan God, is goed en waar aan jou. Als je dat feit zou accepteren, al was het maar even, zou je hele leven getransformeerd worden. Accepteer het wat betreft je broeder of zuster, en alle conflicten tussen jullie zouden ten einde zijn.

❋

Je hebt bij je interacties een eenvoudige keuze: je kunt elkaar schuldig bevinden of onschuldig bevinden. Die keuze maak je steeds opnieuw, elke dag, elk uur, elk ogenblik. Met de ene na de andere gedachte zet je elkaar gevangen of laat je elkaar vrij. En zoals je elkaar verkiest te behandelen, zo vel je hetzelfde oordeel over jezelf.

*

Elk oordeel dat je hebt over je broeder of zuster, zegt heel precies wat je niet van jezelf kunt accepteren. Je hebt alleen maar een oordeel over of een hekel aan een ander omdat zij/hij je aan jezelf doet denken.

Fouten

Je bewust zijn van je fouten is een geschenk, omdat het je ertoe brengt ze te corrigeren.
Wanneer je je fouten rechtvaardigt, houd je eraan vast en dwing je jezelf je daden steeds opnieuw te verdedigen. Dat kost heel veel tijd en energie. Sterker nog: als je niet uitkijkt wordt het het heersende thema in je leven.
Geef je fouten toe en bevrijd jezelf van pijn, strijd en bedrog. Er bestaat geen fout die niet kan worden rechtgezet. Er bestaat geen misstap die niet kan worden vergeven.

*

Het fout hebben is niet zo vreselijk. Het kan je niet van liefde of acceptatie beroven. Wat je van de liefde berooft is het feit dat je erop staat het goed te hebben wanneer dat niet zo is. Dan kan er namelijk geen correctie plaatsvinden.

Wees nederig, mijn vriend. Als je niet toegeeft dat je een fout gemaakt hebt, hoe kun je die dan rechtzetten? Geef je fout toe, dan volgt de correctie onmiddellijk, tezamen met de vergeving. Dat is het pad dat ik voor jou heb uitgezet.

Vergeving schenken versus de schuld geven

Fouten zijn kansen om te leren. Wanneer je je zuster veroordeelt om de fouten die ze maakt, pretendeer je zelf foutloos te zijn, hetgeen niet het geval is. Ik vroeg het al eerder en vraag het opnieuw: wie van jullie gooit de eerste steen?
Bevrijd je zuster van jouw oordeel, in plaats van haar om haar fouten te veroordelen. Haar bevrijden betekent dat je haar liefhebt, want daarmee plaats je haar ergens waar alleen liefde huist, voorbij elke vorm van oordeel.

*

Iemand als fout bestempelen betekent dat je het idee van schuld uitdraagt en vasthoudt aan de overtuiging dat een straf noodzakelijk is. Iemand als goed bestempelen betekent dat je liefde tot uiting brengt en laat zien wat vergeving is. Simpel gezegd: het is nooit goed om iets fout te noemen, of fout om iets goed te noemen. Als je het goed wilt hebben, maak het dan goed.
Je kunt niet op liefdeloze wijze liefhebben. Je kunt het niet bij het rechte eind hebben hebben met een aanval op wat verkeerd is.

*

Wanneer de wereldlijke zaken je tot last worden, zoek dan een wijkplaats waar het rustig is. Laat je zorgen en angsten om de

toekomst varen. Klamp je niet langer vast aan je schuldgevoel over wat je in het verleden gezegd en gedaan hebt.
Laat je hart in orde maken. Vervolgens kun je het goedmaken met iedereen die je onaardig behandeld hebt.
Leer jezelf te vergeven. Wat je ook gezegd of gedaan hebt, je verdient het niet te lijden. Jouw lijden kan de hongerigen niet voeden en de zieken niet genezen.
Vergeef jezelf en pak met een heldere visie en een vastberaden hart je leven weer op. Dat jij vrij bent van schuld bewijst niet alleen jou een dienst, maar ook zij die behoefte hebben aan jouw goede daden en mededogen.

Het kwaad is een illusie

Een mens wordt niet met fouten geboren. Neem een willekeurige baby, van wie je houdt, die je koestert en vleugels geeft, en het wordt een baken van liefde. Maar neem dezelfde baby en onthoud die je liefde, weiger hem te stimuleren, en je zaait het zaad van ongeluk en ontevredenheid.
Geen van Gods kinderen kan slecht zijn. Hij is hoogstens gekwetst. Hij kan anderen hoogstens aanvallen en de schuld geven voor zijn ellende. Maar hij is niet slecht.
Ja, zo ver moet je mededogen gaan. Er bestaat geen mens die je vergeving niet verdient. Er bestaat geen mens die je liefde niet verdient.

De wet der gelijkheid

Onthoud dat wat goed is voor jou en wat goed is voor je broeder of zuster, een en hetzelfde is. Je kunt je leven niet verbeteren door een ander pijn te doen, en een ander ook niet helpen door jezelf pijn te doen. Elke poging deze simpele gelijkstelling te doorbreken, leidt tot narigheid en wanhoop.

*

Hecht evenveel belang aan anderen als aan jezelf. Offer je niet voor hen op en vraag hun ook niet zich voor jou op te offeren, maar help hen wanneer dat kan en neem hun hulp dankbaar in ontvangst wanneer je die nodig hebt. Meer dan dat is te veel. Minder dan dat is te weinig.

De wet van de wederkerigheid

Elke keer dat je een ander aanvalt, versterk je je eigen schuldgevoel. Daarom is geweldloosheid ook zo zinvol.
Er valt tijdens je verblijf op aarde maar één mens te vergeven, en dat ben jij zelf. Jij bent de rechter. Jij bent de jury. En jij bent de gevangene.

*

In een denkgeest die zijn eigen goedheid erkent, verdwijnt elk conflict. Wanneer je je goedheid erkend hebt, kun je die alleen handhaven door die naar anderen te doen uitgaan.

Hoe interpreteer je wat je meemaakt

Jouw interpretatie van wat je meemaakt is van groot belang. Vat je je belevenissen op als een zegen of als een straf? Die vraag moet je jezelf voortdurend stellen.

*

Je kunt alles in je leven spirituele kwaliteiten toekennen door het je liefde, acceptatie en vergeving te schenken. Zelfs een dodelijke ziekte, een verkrachting of moord kan door de kracht van jouw liefde getransformeerd worden.

*

Alles wat je meemaakt gebeurt met slechts één doel: het verruimen van je bewustzijn. Elke andere betekenis die jij aan je belevenissen hecht is een betekenis die je zelf verzonnen hebt. Wanneer je de wereld in haar opperste neutraliteit bekijkt, begrijp je dat ze alleen bestaat als leermiddel voor jou.

Je broeders hoeder

Elke keer dat je een ander mens in je hart sluit, zet je ook de deur naar Mij open. Er bestaat geen mens die Mij niet dierbaar is. Want Ik kijk zowel in de ziel van de misdadiger als in die van zijn slachtoffer. Ik zie dat ze beiden om liefde en acceptatie smeken, en zal hun dat niet weigeren. Wees niet geschokt dat Ik van jou hetzelfde vraag, want jij bent Mijn handen, Mijn voeten en Mijn stem in de wereld.

*

Wie met Mij door het leven gaat, dient tegelijkertijd God en de mens. Je dient de mens door hem te laten zien dat God hem niet vergeten is en om hem geeft. Je brengt hem eten en drinken en biedt hem soelaas in zijn lijden. Je omhelst hem en laat hem zijn hoofd op jouw schouder leggen. En je moedigt hem aan zijn tranen de vrije loop te laten, omdat hij zich in de steek gelaten voelt door zijn ouders, zijn kinderen, zijn beminde en door

God. En als hij huilt, kun jij hem troosten. Want hoe lang is het geleden dat ook jij je in de steek gelaten voelde en bittere tranen vergoot van verdriet en spijt?
Dat is de aard van het menselijk bestaan. Het is niet meer dan gepast dat je mededogen voelt voor je broeder. Want het leed dat jullie ondervinden is hetzelfde, en ook de bevrijding die je voelt is hetzelfde.

*

Het is jouw verantwoordelijkheid om jezelf te erkennen en voor jezelf te zorgen. Alles waarmee je jezelf erkent kan een ander onmogelijk schaden. Maar zelfzuchtig optreden, jouw welzijn boven dat van een ander stellen, roept conflicten en verontwaardiging op.
In dit opzicht is de wereld meedogenloos. Iemand die anderen uitbuit wordt wellicht gevreesd, maar niet bemind. Als het hem minder voor de wind gaat, hetgeen onvermijdelijk gebeurt, zullen anderen met alle genoegen helpen hem naar beneden te halen.

*

Je bevestigt je eigen waarde alleen door de waarde van anderen te erkennen. Wanneer je iemand je liefde onthoudt, is je vijand niet de enige aan wie je die zegen ontzegt. Ze wordt ook jou ontzegd.

*

Er bestaat geen enkele broeder of zuster die jouw liefde niet waard is. Wanneer je gelooft dat die wel bestaat, ben je nog niet volkomen ontwaakt.

*

Wanneer je eenmaal ervaren hebt hoe het is om het geluk van een ander even zwaar te laten wegen als het jouwe, kun je leren dat ook met anderen te doen. Je kunt je oefenen in onzelfzuchtige daden jegens anderen, zonder er iets voor terug te verwachten.

Wanneer jij geeft zonder gedachte aan wat je terugkrijgt, manifesteert zich via jou de wet van genade. Jij wordt het voertuig waardoor Gods liefde in deze wereld tot uiting komt.

Waarlijk geven betekent dat jouw liefde overstroomt. Als je op die manier geeft, heb je niet het gevoel dat je uitgeput raakt. In feite voel je je energieker, omdat de liefde die je geeft bij je terugkomt via de dankbaarheid van degenen die je geraakt hebt.

Je vijand liefhebben

Meestal roept jouw angst de angst van anderen op, en roept hun angst de jouwe op. Vaak denk je dat dat soort mensen je in de weg staan en je verhinderen de liefde te krijgen die je wilt. In feite zijn zij de poort naar de liefde die je wilt.

Je vijand is je bondgenoot in vermomming. Wanneer je je vijand liefde geeft, sluit je niet alleen vrede met hem of haar, maar ook met jezelf.

*

Het is makkelijk om van je vrienden te houden. Je vriend is het meestal met je eens en steunt je. Dus is het niet moeilijk van hem of haar te houden.

Maar je vijand is het niet met je eens. Hij vindt dat je het fout hebt. Hij ziet je zwakheden en doet wat hij kan om daar gebruik

van te maken. Als je een blinde vlek hebt, kun je ervan op aan dat hij die ziet.
Je vijand weerspiegelt alles wat jij niet prettig vindt aan jezelf. Hij laat je precies zien waar je angsten en onzekerheden zitten. Alleen iemand die op die manier tegenover je staat, kan zo'n effectieve leermeester zijn.
Als je leert je vijanden lief te hebben, laat je zien dat je bereid bent alle duistere plekken in je denkgeest onder ogen te zien. Je vijand is een spiegel waar je in kijkt, net zolang tot het boze gezicht dat je ziet naar je teruglacht.

*

Er komt geen vrede doordat twee ego's het met elkaar eens worden, want ego's kunnen het onmogelijk met elkaar eens worden. Er komt vrede als er sprake is van liefde en wederzijds respect.
Dan wordt je vijand als een vriend, iemand die niet bang is het niet met je eens te zijn. Je bant haar niet uit je hart, louter omdat ze de dingen anders ziet dan jij. Je luistert goed naar wat ze te zeggen heeft.
Menselijke conflicten hebben een simpele oorzaak: de een ontmenselijkt de ander. De ene partij ziet de andere als onwaardig. Zolang mensen die het niet met elkaar eens zijn elkaar op die manier zien, valt zelfs over de simpelste details niet te onderhandelen. Maar zodra beiden elkaar met een respectvolle en accepterende houding benaderen, kunnen zelfs moeilijke details worden opgelost.

Liefdevol voor jezelf opkomen

Iets wordt een aanval doordat je het onderwerp van je aanval ontmenselijkt. Hoewel ik je wil aanmoedigen goede nota te nemen van daden die onaardig, kwetsend of respectloos zijn tegenover jezelf of anderen, vraag ik je wel dat op liefdevolle wijze te doen. Doe het zodanig dat er respect uit blijkt voor de mensen tegen wie je in opstand komt. Want ook zij zijn je broeders en zusters.

*

Je broeder wil alleen je liefde, maar hij weet niet hoe hij erom moet vragen. Sterker nog: hij weet niet precies wat liefde is. Dus hij vraagt om geld, of seks, of iets anders. Hij probeert je te manipuleren om te krijgen wat hij wil. Uiteraard wil jij niet gemanipuleerd worden. Dus je zegt 'nee' tegen zijn eisen, maar bant hem niet uit je hart. Je veroordeelt hem niet, maakt je niet van hem los. Je geeft hem liefde als reactie op zijn angstige gedachten.

Je zegt: 'Nee, vriend, ik kan je niet geven wat je vraagt, maar ik zoek naar wegen om je te steunen, wegen die ons allebei recht doen. Ik zal je niet afwijzen. Ik zal niet net doen alsof jij minder waard bent dan ik. Jouw behoefte aan liefde is even belangrijk als de mijne en die wil ik erkennen.'

Zo spreekt de minnaar tegen de beminde. Hij zegt niet: 'Ik doe alles wat je wilt.' Hij zegt: 'Ik zoek wegen om ons beiden te erkennen.' De minnaar is gelijk aan de beminde. Ze zijn een wederzijdse uiting van liefde.

De misdadiger liefhebben

Je broeder is diep verwond geraakt. Hij groeide op zonder vader. Hij is al vanaf zijn negende aan drugs verslaafd. En hij woonde in een getto waar hij zich nooit veilig gevoeld heeft. Voel je niet een beetje mededogen met het gekwetste jongetje in de man die de misdaad begaat?

Als jij in zijn schoenen zou staan, zou je het er dan veel beter van afbrengen? Wees eerlijk, mijn vriend. In die eerlijkheid kom je tot mededogen, zo niet voor de man, dan toch zeker voor het jongetje dat die man werd.

En ik kan je nu al vertellen dat het niet de man is die de trekker overhaalt, maar het jongetje. Het is het jongetje dat zich overdonderd en bang voelt. Het is dat ventje dat zich niet bemind en geaccepteerd voelt. Het is het gekwetste kind dat uithaalt, niet de man.

Laat je niet op een dwaalspoor brengen door het boze en minachtende gezicht van de man. Onder dat harde uiterlijk ligt een overweldigend verdriet en een enorme zelfveroordeling. Onder het masker van misplaatste mannelijkheid en razende woede huist het jochie dat niet gelooft dat hij beminnenswaardig is.

Wanneer je de jongen in hem niet in de armen kunt sluiten, hoe kun je dan de jongen of het meisje in jezelf in de armen sluiten? Want zijn angst en de jouwe lopen niet ver uiteen.

*

Misdadigers zijn slechts één groep van onaanraakbaren in jullie maatschappij. Jullie willen niet zien hoe ze leven. Jullie willen niet horen hoeveel pijn ze hebben.

Het is zwaar voor een samenleving om de pijn van haar verschoppelingen onder ogen te zien. Toch moet dat gebeuren. Als jullie niet doelbewust met een misdadiger aan de slag gaan om hem te helpen zichzelf te accepteren en lief te hebben, komt hij met onveranderde woede en wraaklust terug in de maatschappij.

Jullie buurten worden niet veiliger door meer gevangenissen te bouwen of meer politie de straat op te sturen. Door dat soort acties wordt de situatie juist erger, omdat de angst er groter door wordt.

Als je wilt helpen, ga dan de gevangenissen en de buurten in en ga aan het werk met vergeving. Neem meer leraren en hulpverleners en maatschappelijk werkers in dienst. Geef de mensen te eten, stel hen emotioneel en mentaal voor uitdagingen. Laat hun voelen wat een veilige emotionele band inhoudt. Geef hun de gelegenheid zich te scholen en te trainen. Geef hun hoop. Geef hun acceptatie. Geef hun liefde.

Iemand die naar anderen uithaalt, heeft het gevoel dat hij geen keuze heeft. Dat is het geheim. Laat hem zien welke keuzes hij heeft en hij begaat geen misdrijf.

De leprozen van jullie samenleving verschillen niet van de leprozen uit mijn tijd. Ze dragen de wonden van alle anderen op hun huid. Het zijn de dappere getuigen van de ellende waar jullie niets mee te maken willen hebben. De samenleving zou hun dankbaar moeten zijn, want zij zijn de wegbereiders. Zij geven aan waar het pad van genezing ligt dat elk mens moet bewandelen.

*

Als je de misdadiger wilt veranderen, moet je ophouden hem te straffen en van hem gaan houden. Iets anders werkt niet.

Liefde is geen beloning voor zijn overtreding. Liefde is wat zijn ziel verlost. Het brengt hem tot zichzelf. Het brengt een verschuiving teweeg, weg van de reactieve kringloop waarin hij zichzelf en anderen ontmenselijkt. In de confrontatie met oprechte liefde en medeleven, wordt zelfs de meest geharde misdadiger mild.

*

Je kunt geen einde maken aan de haat door er met wraak tegenin te gaan. Elke daad van geweld roept een tegenreactie op. Het enige wat je vrij maakt van het geweld is een benadering die zelf vrij is van geweld. Alleen een spirituele oplossing werkt.

*

Je tegen een onjuist idee verzetten of ertegenin gaan, betekent dat je het versterkt. Het is een gewelddadige benadering. Mijn manier van benaderen is niet-gewelddadig. In de benadering kun je al zien wat het antwoord op het probleem is. Wie pijn heeft krijgt liefde, hij wordt niet aangevallen. De middelen zijn in harmonie met het doel.

*

'Hoe moet je omgaan met mensen die anderen leed bezorgen?'
Je vraagt hun verantwoordelijkheid te nemen voor hun daden, maar versterkt hun schuldgevoel niet.
Je houdt hun voor dat ze zich vergissen in wie ze zijn. Anderen vergisten zich eveneens. Degenen die hen misbruikten, verwaarloosden of vernederden, wisten evenmin wie ze waren. Maar jij weet dat wel. En jij bent bereid hen met respect te behandelen en hen te helpen hun leven weer op te bouwen.
Als je wilt dat iemand zich liefdevol gedraagt, moet je bereid zijn van hem te houden. Alleen jouw liefde voor hem kan hem

leren wat liefde is.
Een open hart heet de geliefde welkom. Het heet een vreemdeling welkom en, ja zeker, zelfs een misdadiger. Een open hart is een heiligdom waar iedereen welkom is. Het is een tempel waar de wetten van de Geest gepraktiseerd en hooggehouden worden. Het is een kerk die je steeds opnieuw moet betreden om verlossing te vinden.
Er vindt een kruisiging plaats zodra je hart zich voor je broeder sluit. Er vindt een opstanding plaats zodra je je hart voor hem openstelt, zodra je ophoudt hem de schuld te geven voor jouw problemen, ophoudt hem te straffen voor zijn fouten, zodra je leert hem lief te hebben zoals je jezelf liefhebt. Dat is het enige wat je uit de gevangenis van de angst kan bevrijden. Het enige!

*

Wanneer je leert om liefdevol op de angsten van anderen te reageren, kun je er zeker van zijn dat je eigen angsten met het grootst mogelijke mededogen worden aanvaard. Dan ben je emotioneel niet meer reactief of ambivalent, maar geduldig en standvastig, in het besef dat alleen liefde echt is. Al het andere is illusie.

Liefhebben zonder voorwaarden

Als je liefde voor anderen gebaseerd is op het feit dat je het met hen eens bent, kun je maar heel weinig mensen liefhebben. Gelukkig gaat liefde dieper.
Als je liefhebt zonder voorwaarden, onderschrijf je dat de ander de vrijheid heeft zijn eigen weg te kiezen, zelfs wanneer je het niet met hem eens bent. Je vertrouwt erop dat hij de voor hem

beste keuze maakt. Je vertrouwt op Gods plan voor zijn ontwaken. Je weet dat iemand nooit een fout kan maken die hem of haar afsnijdt van Gods liefde of de jouwe.

*

Liefde is het enige wonder. Alle andere 'wonderen' zijn de slagroom op de taart. Kijk bij elk willekeurig wonder maar onder de oppervlakte en je ziet een verschuiving van angst naar liefde, van zelfbescherming naar zelfverruiming, van een oordeel over anderen naar de acceptatie van anderen.

*

Liefde zegt: 'Ik accepteer je zoals je bent. Ik acht jouw welzijn van even groot belang als het mijne.' Heb je enig idee hoe machtig deze uitspraak is? Je maakt ieder mens tot wie je je op die manier richt, vrij van lijden. En door dat de ander te geven, geef je het aan jezelf.

*

Van hart tot hart

Het pad van relaties

Relaties bieden je een intens spiritueel pad. Je partner is niet alleen je vriend, je minnaar en je metgezel, maar ook je leermeester. Zij/hij weerspiegelt al het mooie dat je in je hebt, maar ook al de angst, de twijfels en de onzekerheden die diep in je ziel begraven liggen. Er bestaat wellicht geen sneller pad naar psychische heelheid en spirituele bewustwording dan het pad van relaties. Desondanks moet je realistisch zijn wanneer je besluit dit pad te bewandelen. Hoewel je partnerschap van tijd tot tijd leuk en pijnloos kan zijn – en dat is een fantastisch en nastrevenswaardig doel – kan het net zo vaak voorkomen dat jullie – een van beiden of allebei – gekwetst zijn en in de verdediging gaan. Jullie enorme prestatie als stel is niet dat je om je pijn en verdriet heen kunt koersen, maar dat je er samen doorheen kunt komen zonder er de ander verantwoordelijk voor te stellen.

Als je dat werk – de innerlijke en de uiterlijke verzoening – kunt doen en daarbij de vreugde en het wederzijds respect weet te behouden, schep je een sterke en diepe band. Dat is de grond waarin een liefde geworteld moet zijn om een schitterende bloem voort te kunnen brengen.

*

In feite kun je met een ander slechts net zo gelukkig zijn als je met jezelf kunt zijn. Wanneer je jezelf aardig vindt, kan met je partner samen zijn een uitbreiding van je geluk en tevredenheid betekenen. Maar wanneer je jezelf niet aardig vindt, kan met je partner samen zijn je ontevredenheid alleen maar verergeren.

Je besluit een partnerschap aan te gaan mag niet gebaseerd zijn op het verlangen niet naar jezelf te hoeven kijken, maar moet juist voortkomen uit de bereidheid dat proces te intensiveren. Wanneer je met andere mensen samenwoont, is de kans groot dat je hen in hun tere punten raakt, en zij doen waarschijnlijk hetzelfde bij jou.
Het is niet prettig en ook niet makkelijk om je bewust te worden van wat in jou nog niet genezen is. Het is echter een noodzakelijk onderdeel van de weg naar psychische heelheid.
Hoewel je wanneer je alleen woont wellicht nog kunt vermijden dat je die onbewuste aspecten van je psyche onder ogen moet zien, als je een relatie hebt kun je er niet meer omheen. Een relatie is als een gigantische graafmachine. Zij graaft door de bovenlagen van je bewustzijn en legt je diepste angsten en onzekerheden bloot. Wanneer je niet zo diep wilt kijken, moet je wellicht in twijfel trekken of je wel een intieme relatie wilt. Je kunt niet intiem met een ander worden zonder jezelf tegen te komen.

*

Een relatie is nooit een wondermiddel tegen de kwetsuren en trauma's van het individu. Het is op zijn hoogst een broedruimte.

Zelfbedrog

Als je een relatie aangaat bestaat de neiging 'mank' te worden, zoals een dier dat door een roofdier gegrepen wordt mank wordt. Er bestaat een vorm van 'valse overgave', je geeft je macht weg aan de ander.
De emotionele hoogten die je bereikt bij een nieuwe relatie, beloven veel meer dan men ooit waar kan maken. Wie 'voor iemand

valt' kan er zeker van zijn dat het ooit ook 'tegenvalt'. De uitdrukking 'voor iemand vallen' zou op zich al duidelijk moeten maken dat het hier om zelfbedrog gaat.
Op welk ander levensgebied zou je willen 'vallen' en daar zo losjes mee omgaan? De hele romantische traditie wekt de indruk een sociaal geaccepteerde, haast geïnstitutionaliseerde vorm van zelfbedrog te zijn.

*

Ga met iemand samenleven voordat je geleerd hebt met jezelf te leven, en je maakt een lachertje van relaties. Alleen wanneer je jezelf kent en accepteert, kun je op gelijke voet staan met een ander.

*

Zolang je niet vast van plan bent jezelf lief te hebben, hebben anderen je niets anders te bieden dan omwegen, een uitstapje, een pas op de plaats. De tijd verstrijkt, maar er verandert niets. De pijn gaat niet weg. Het patroon van zelfbedrog blijft bestaan.

*

Raak niet verdwaald in de wereld voordat je weet wie je bent, anders is de kans dat je ontwaakt niet erg groot. De wereld geeft je maar al te graag een rol en een verantwoordelijkheid. Anderen wijzen je maar al te graag een rol toe in hun drama.

Op jezelf staan

Als je met een ander wilt dansen, zorg dan eerst dat je geworteld bent. Leer luisteren naar je eigen innerlijke stem. Praat met het gekwetste kind en de goddelijke gastheer in je binnenste. Oefen je in vergeving van en mededogen voor jezelf. Laat je ervaringen en gevoelens tot je doordringen en leer ervan.
Houd het ritme van je leven vast. Sta open voor anderen, maar zet niet alles op alles om hen te vinden. Wie met jou kan dansen komt je halverwege tegemoet. Het wordt geen geploeter.

*

Onjuiste relaties verergeren de misstanden en onheuse patronen uit het verleden. Leren is vaak pijnlijk. Je kunt en moet een betere keuze maken. Maar om die keuze te kunnen maken, moet je kunnen vragen om wat je wilt. Als je je een ander laat voorschrijven op welke voorwaarden de relatie gebaseerd is, moet je niet verrast zijn als je vast blijft zitten in een situatie waarin jou geen recht wordt gedaan.

*

Jouw gevoel vertelt je wat goed is en wat niet. Zeg wat je wilt, spreek jouw waarheid en wees vastberaden je eigen genezing toegedaan. Alleen door jezelf consequent serieus te nemen en te eerbiedigen, kun je een partner aantrekken die bereid is dat ook te doen.

*

De meeste relaties lopen op de klippen zodra men zichzelf laat zien. De belofte 'elkaar lief te hebben in voor- en tegenspoed' is

voor de meeste mensen een oefening in absurditeit, want veel mensen gaan trouwen zonder dat ze de tijd genomen hebben elkaar te leren kennen.
Om die reden zou elk stel eerst met succes drie jaar moeten samenwonen voordat men over trouwen gaat denken. Veel relaties zullen die driejarige periode van wederzijds onderzoek niet overleven.

Een partner kiezen

Onthoud dat degene die voor je staat niet altijd is wat hij of zij lijkt. De sprookjesprins kan een onzekere geweldpleger in vermomming zijn, en wie je troost en steun biedt kan een wolf in schaapskleren zijn.
Kijk altijd verder dan het uiterlijk. Er zullen er velen naar je toe komen die beweren degene te zijn om wie je gevraagd hebt, maar slechts één is de ware. Meestal is dat niet degene die zich met een heleboel spektakel presenteert. In de meeste gevallen is het een eenvoudig en onopvallend mens, iemand die geen grote woorden gebruikt of grote geschenken belooft, maar je hand pakt en je onbevreesd in de ogen kijkt.

*

Kies je partner weloverwogen. Als je iemand kiest die te langzaam danst, kan dat je tegenhouden. Als je iemand kiest die te snel danst, breek je wellicht je enkel bij je pogingen hem of haar bij te houden.
Zoek een partner die even snel danst als jij, iemand die je aanvult en helpt je potentieel te verwerkelijken. Zoek een partner die je kunt stimuleren en bijstaan. Dan kunnen jullie zonder

srtijd samen zijn en kan jullie relatie voor beiden een heilzame werking hebben.

Gezamenlijkheid en grenzen

In een gezonde relatie houdt men zich buiten het creatieve proces van de ander. Zelfs wanneer men met elkaar samenwerkt, heeft men wegen gevonden om elkaars autonomie hoog te houden. Pas wanneer je partner en jij die autonomie hebben, en tijd en ruimte krijgen om te groeien, kun je respect oproepen bij elkaar.
Autonomie is echter maar één ingrediënt. Een gezamenlijk ideaal is van even groot belang. Jij en je partner moeten gemeenschappelijke dromen, waarden en aspiraties hebben. Je moet een beeld hebben van een leven waarin je als paar optreedt.
Wanneer ofwel de autonomie ofwel de gezamenlijke visie zwak vertegenwoordigd is, kan de relatie niet gedijen. Zonder voldoende autonomie worden jij en je partner niet tot groei uitgedaagd. Bij een zwakke gezamenlijke visie wordt je emotionele band met je partner aangetast en zie je steeds minder waarom je bij elkaar bent.
Met geen van beide extremen schiet je iets op. Jij en je partner moeten je als stel maar ook als individu uiten. In een gezonde relatie is men zichzelf en de relatie in gelijke mate toegedaan, zowel wat diepgang als wat intensiteit betreft.

*

Het is tragisch als twee mensen bij elkaar blijven zonder individuatie. Het is evenzeer tragisch als mensen bij elkaar blijven zonder ooit iets gezamenlijks tot stand te brengen.
Een mens moet zijn authenticiteit niet opofferen teneinde samen

met een ander een gezamenlijk doel te verwerkelijken. En evenmin moet het werken aan een gezamenlijke realiteit opgeofferd worden aan het nastreven van het eigen creatieve potentieel. De mogelijkheden daartoe sluiten elkaar niet wederzijds uit. Het een houdt het ander in en ze treden tegelijkertijd op. Veel van de spanningen – en daardoor problemen – in relaties ontstaan doordat men een evenwicht moet zien te vinden tussen deze twee aandachtsvelden, die beide even belangrijk zijn.

Angst voor intimiteit

Mensen die bang zijn voor de liefde vragen er desondanks om. Maar als men die krijgt, kan men haar niet aannemen. Men wil dat de liefde volmaakt van vorm en omvang is. En dat gebeurt nooit.

Mensen die bang zijn voor de liefde hebben ambivalente gevoelens ten aanzien van geven en ontvangen. Als je afstand houdt, voelen ze zich veilig en willen je bij zich hebben. Maar als je dichterbij komt, worden ze bang en vragen je je in te houden of weg te gaan. Door dat emotionele stuivertje wisselen kunnen ze een relatie hebben zonder intiem te worden en zich vast te leggen.

Het is niet aan jou die mensen te veroordelen, te analyseren of te proberen hen te verbeteren. Accepteer hen zoals ze zijn. Geef hun liefde. Maar ga niet men hen samenwonen en word ook niet hun partner.

Als je een dergelijke relatie bent aangegaan, moet je onder ogen zien dat ook jij wellicht bang bent om liefde te krijgen. Waarom zou je anders een partner gekozen hebben die geen liefde kan geven?

Een spiritueel huwelijk

In tegenstelling tot de algemeen geldende opvatting is het huwelijk geen knellende band maar een band die je bevrijdt. Je wenst je partner evenzeer het grootste geluk toe als je jezelf het grootste geluk toewenst. Je houdt van je partner als van jezelf, met evenveel liefde.
De behoeften van je partner zijn even belangrijk als de jouwe. Niet belangrijker. Niet minder belangrijk. Even belangrijk.
Een huwelijk betekent niet dat je belooft tot in eeuwigheid bij elkaar te blijven, want dat kan geen mens beloven. Het betekent dat je belooft er 'nu' voor elkaar te zijn. Het is een heilige eed die van moment tot moment vernieuwd moet worden wil ze betekenis hebben.

Ontrouw

Een overspelige verhouding is slechts het betreurenswaardige gevolg van een gebrek aan intimiteit tussen de partners. Ze is het symptoom van een probleem, niet het probleem zelf.

Je tuin wieden

Geen enkele partner is altijd vrolijk en gelukkig. Laat je geluk niet afhangen van het geluk van je partner. Daar word je alleen maar allebei gedeprimeerd van. Wied je eigen tuintje maar, en geef je partner een geurende roos. Als je weigert je eigen tuintje te wieden en klaagt dat je partner je nooit rozen geeft, gaan jullie je daar geen van beiden beter door voelen.
Als de een chagrijnig of verdrietig is, moet de ander diep in zich-

zelf graven om de Bron van liefde te ontdekken. Als ze dat licht in zichzelf gevonden heeft, moet zij het een poosje dragen voor hen allebei. Zo vergeet de ander niet dat het licht er is, ook al ziet hij het niet in zichzelf.
Dat wil niet zeggen dat een van beiden altijd de steunende partij moet zijn. Een relatie vereist geven en nemen. Het betekent echter wel dat elk van beide partners ertegen opgewassen moet zijn dat hij of zij bij tijd en wijle de verbinding met de Bron handhaaft in de confrontatie met de angst en het wantrouwen van de ander. Dat is nooit makkelijk. Maar het is in de loop van een vaste relatie wel vaak noodzakelijk.

Erkenning en gebrek aan erkenning

Zodra jij en je partner het gevoel hebben dat je elkaar niet kunt bereiken, moet dat worden rechtgezet. Dan is het tijd om stil te staan, diep adem te halen, een stap achteruit te doen en te kijken wat er aan de hand is.
Maak jezelf of de ander geen verwijten. Ga niet proberen gelijk te krijgen of het ongelijk van de ander te bewijzen. Erken gewoon dat jullie naar jouw gevoel niet op één lijn zitten en zorg dat je het erover eens bent dat je die onenigheid niet kunt overbruggen wanneer een van beiden of beiden zich door angst laten leiden.
Neem de tijd om even alleen te zijn en duidelijk voor ogen te krijgen waar je bang voor bent, wat je denkt te moeten verdedigen, waar je gekwetstheid of woede mee te maken heeft. En probeer erachter te komen welke vorm van geruststelling of bevestiging je van je partner zou willen krijgen. Wend je pas dan, als je allebei rustig bent, om de beurt tot de ander en vraag elkaar rechtstreeks om de verlangde erkenning en waardering.

Bijna elke vorm van angst, woede en gekwetstheid komt voort uit het gevoel dat je niet bemind of gewaardeerd wordt. Als iemand zich zodanig gedraagt dat jouw zwakke plekken geraakt worden, interpreteer je dat gedrag meestal als een teken dat de ander zich niet om jou bekommert. Wanneer je daar boos of gekwetst op reageert, voelt de ander zich door jou miskend. Zij/hij krijgt het gevoel dat het ook jou niets kan schelen. Wanneer jij en je partner het moeilijk vinden elkaar erkenning en waardering te geven, raakt de relatie in een crisis. Dan worden er negatieve patronen in gang gezet waarmee het vertrouwen kapot wordt gemaakt en de liefde die jullie voor elkaar voelen geblokkeerd wordt.

Die neerwaartse spiraal moet je ondervangen voordat het uit de hand loopt. Neem de tijd om – buiten de relatie – je evenwicht te hervinden en zicht te krijgen op wat de relatie voor je betekent. Keer terug naar je hart. Ga vervolgens naar de ander.

Maak je partner geen verwijten. Vraag slechts respectvol om de erkenning die je nodig hebt. Ga jezelf niet verdedigen. Geef je partner slechts de erkenning die zij/hij nodig heeft.

*

Als een relatie liefde kent, luidt de vraag altijd: 'Wat gaan we doen?' en niet 'Wat ga ik doen?' Je wilt allebei wat het beste is voor de relatie, wat de liefdesband instandhoudt. Elke vaste relatie kent de uitdaging en de belofte van dat zoeken naar die gemeenschappelijke werkelijkheid. Al doende stijgen beiden boven hun bekrompen eigenbelang uit en leren ze zich in dienst te stellen van het hogere doel van hun samenzijn.

Vergeving

Een relatie vereist onontkoombaar dat je emotioneel sterker en wijzer wordt. Aangezien de volmaakte partner niet bestaat, sta je voor de uitdaging de onvolmaakte partner die je voor je neus hebt te erkennen en accepteren.

Hoe goed je relatie ook is, het moment komt dat je partner en jij vergeten elkaar te erkennen. Je bent geveld door de stress en projecteert je ellende op elkaar. Je valt aan en verdedigt, probeert elkaar de schuld in de schoenen te schuiven en maakt er ronduit een puinhoop van.

Als jij en je partner elkaar je misstappen kunnen vergeven en weer vertrouwen in elkaar kunnen krijgen, kun je daarmee je liefde en je vermogen tot intimiteit verdiepen. Dat is het uitdagende van een relatie.

Vergeving is in elke relatie de sleutel tot het succes. Sterker nog: als jij en de ander bereid zijn vergeving te betrachten, kun je met succes samenleven, zelfs wanneer je niet veel met elkaar gemeen hebt.

Aan de andere kant: als jullie beiden niet bereid zijn vergeving te betrachten, kun je alles proberen maar lukt niets. Niets: godsdienst niet, psychotherapie niet, relatieworkshops niet.

Door vergeving te betrachten worden onvolmaakte mensen heel en kapotte relaties geheeld en versterkt. Je leert waar het bij ware liefde en echt essentiële zaken om draait.

Kwetsuren uit je kinderjaren

De angsten die in jou en je partner opkomen, stammen niet alleen uit jullie onderlinge interacties. Ze zijn geworteld in de onbewuste kwetsuren uit je kinderjaren. Het dwangmatige gedrag

van jou en je partner werd al op zeer jonge leeftijd aangeleerd als reactie op de voorwaardelijke liefde van je ouders.
Wanneer je vrede sluit met je ouders en hen als gelijken aanvaardt, hoef je niet meer te veranderen om aan hun verwachtingen te voldoen, en wil je evenmin dat zij veranderen om aan de jouwe te voldoen. Dan houd je ermee op de lessen uit je kindertijd te creëren in je intieme relaties. Als man houd je op je moeder te zoeken in je vrouw, in een poging haar echtgenoot te worden. Als vrouw houd je op je vader te zoeken in je man, in een poging zijn echtgenote te worden.
De Vader en Moeder der Schepping vragen slechts om wat bijdraagt aan jouw ontwaken. Hun liefde voor jou is zowel mild als vurig. Eén soort liefde is niet genoeg. Je hebt zowel de liefde van de Vader als die van de Moeder nodig.
De liefde van de Vader leert je wat moed is. De liefde van de Moeder leert je wat mildheid is. Met die moed kun je door je angsten heen komen. Met die mildheid open je je hart.
Problemen met de Vader komen tot uiting in het onvermogen te weten wat je creatieve levensopdracht is en die te vervullen. Problemen met de Moeder nemen de vorm aan van het onvermogen liefdevolle, intieme relaties aan te gaan.
Wanneer je aan de ene kant van de weegschaal te weinig geleerd hebt, is er meestal sprake van overcompensatie aan de andere kant. Je kunt het evenwicht alleen maar herstellen door de les te leren die je meest problematische ouder voor je met zich meebracht.

Zielsverwanten

Pas wanneer al je relaties gekenmerkt worden door oprechtheid en helderheid, kan je zielsverwant zich manifesteren. Je vindt je zielsverwant niet door een ander mens in de steek te laten. Al je relaties moeten in orde zijn.

De beminde

Wanneer je leven geankerd is in de waarheid van jouw beleving, kun je die waarheid met anderen delen. Maar wanneer je de waarheid, of liefde, of verlossing buiten jezelf zoekt, zul je keer op keer teleurgesteld worden.
Je krijgt de beminde alleen door jezelf te eerbiedigen. Wie zich in allerlei bochten wringt om liefde de krijgen, duwt de beminde van zich af.
Wie is die beminde tenslotte? Zij/hij is slechts een spiegel voor jouw eigen toewijding aan de waarheid.

*

Wanneer je de beminde eenmaal in de vorm ontmoet hebt, kan je leven niet doorgaan zoals het ging. Alles wat je afzonderlijk dierbaar is, moet je loslaten. Alleen wat je gezamenlijk dierbaar is, in wederzijds respect en aanvaarding, kun je meenemen. Het geïsoleerde ik moet sterven. Het ik als partner, als levensgezel, moet geboren worden.

Liefde is eeuwig

Jullie gaan op diverse manieren relaties met elkaar aan: als kinderen, ouders, broers en zussen, vrienden, collega's, leraren, leerlingen. Niet de vorm van de relatie is van belang, maar de liefde die in die vorm schuilt.
Relaties veranderen voortdurend van vorm. Kinderen groeien

op en worden ouders; ouders geven hun lichaam op voor het volgende avontuur; vrienden gaan uit elkaar; geliefden maken het uit; en zo gaat het maar door. Geen enkele vorm blijft hetzelfde.
De groei moet doorgaan. Vormen moeten komen en gaan. Dat is de bitterzoete realiteit van het leven. Als je aan de vorm gaat hechten, of de liefde weggooit louter omdat de vorm verandert, lijd je daar onnodig onder. De uitdaging is juist dat je de vorm laat gaan, maar de liefde vasthoudt.
Liefde is eeuwig. Ze is onbegrensd. Ze kan niet door tijd of ruimte worden bepaald.
Liefde blijft steeds zichzelf. Ze verandert niet. De vorm die de liefde aanneemt kan veranderen, maar de liefde zelf verandert niet.

*

Jullie ontzeggen je maar al te vaak de liefde die je voor elkaar voelt wanneer de vorm verandert. Dat is simpelweg de zoveelste vorm van gehechtheid aan de vorm. Daarmee zeg je: 'Ik moet op die bepaalde manier liefde krijgen, anders hoef ik het helemaal niet.' Dat is kinderachtig. Naarmate je ouder wordt, ga je beseffen dat je de dingen niet altijd precies zo kunt krijgen als je ze wilt, vooral niet wanneer er anderen bij betrokken zijn.

Een overeenkomst beëindigen

Wanneer één persoon zich niet langer aan een afspraak of overeenkomst wil houden, is de overeenkomst beëindigd. Je kunt een ander niet tegen zijn of haar wil vasthouden. Als je dat probeert, duw je de liefde van je af.
De liefde overleeft die beëindiging wel, wanneer je haar de kans

geeft. Als je dat niet doet, doe je jezelf alleen maar tekort.

*

Wanneer je besluit uit elkaar te gaan, doe dat dan alsjeblieft liefdevol, zonder vast te houden aan verontwaardiging of wrok. Het is niet makkelijk als een relatie eindigt of van vorm verandert en mildheid – van beide kanten – is buitengewoon belangrijk wil het voor beiden genezend zijn.
Wees dankbaar voor wat je samen geleerd en ervaren hebt. Wees je bewust van de kwesties die jullie uit elkaar dreven en neem de verantwoordelijkheid op je voor jouw aandeel daarin. Als je een nieuwe relatie begint, wees je er dan van bewust wanneer vergelijkbare kwesties de kop opsteken en kijk of je die dan ruimhartiger en verantwoorder tegemoet kunt treden.
Liefde en vrijheid gaan hand in hand. Je kunt de liefde niet eeuwig in een bepaalde vorm gieten. Ze moet zich losbreken van elke vorm, elke conditie, wil ze ooit volledig zichzelf worden.
Gun de ander de vrijheid te zijn wie zij/hij is, dan komt de vorm vanzelf. Probeer die vrijheid weg te nemen, en de vorm wordt voor jullie beiden een gevangenis.

De vrijheid om lief te hebben

Liefde en vrijheid zijn niet te scheiden. Je kunt niet liefhebben als je geen keuze hebt. Elk vorm van dwang is een aanval, niet alleen op de vrijheid, maar op de liefde zelf, omdat er geen liefde kan bestaan wanneer je de vrijheid om te kiezen verliest.
De grote tragedie van de liefde is niet dat je wellicht verkiest niet bij je partner te zijn. Dat is misschien wel treurig, maar niet tragisch. De ware tragedie is dat jij en je partner wellicht bij el-

kaar blijven of apart blijven omdat je gelooft dat je geen andere keuze hebt.
Als er liefde is, moet er keuzevrijheid zijn. Het vraagt moed om die vrijheid te geven en te krijgen. Maar dat is de aard van de liefde. En mensen die van elkaar houden onder alle condities en omstandigheden, bij alle ups en downs van het leven, in alle vormen waarin de liefde zich kan uiten, zijn onmetelijk geduldig en moedig.

*

De liefde die je voelt vermindert naarmate je meer behoefte hebt er greep op te hebben. Je behoefte aan controle legt iets wat zonder voorwaarden moet zijn voorwaarden op. Als je voorwaarden stelt aan de liefde, voel je de voorwaarden, niet de liefde. Je krijgt met de vorm te maken, niet met de inhoud.

Scheiding

Op de keper beschouwd beëindigen relaties zichzelf. Er wordt simpelweg geen energie en aandacht meer aan gegeven. De weg naar de echtscheiding begint met de erkenning dat men geen gezamenlijke doelstelling meer heeft en geen wederzijdse aantrekkingskracht meer voelt.
Niet alle relaties hoeven op een huwelijk uit te lopen. Soms gaat het om iets tijdelijks waar je wat van leert, en duurt het een paar maanden of een paar jaar. Helaas trouwen veel mensen al voordat ze diep in hun hart weten dat ze een partner voor het leven gevonden hebben. Zolang beide betrokkenen de vergissing toegeven, kan dat echter geen kwaad.
Je bewijst niemand een dienst door je ervoor te schamen dat je

huwelijk een vergissing was. Talloze mensen maken die vergissing. Sommige mensen lijden onder hun vergissingen en blijven aan een relatie vasthouden, ook als de heiligheid allang verloren is gegaan. Anderen willen te snel onder een relatie uit, voordat ze hun les geleerd hebben en de zaken met hun partner hebben afgerond. Er is niets nieuws onder de zon.

Een scheiding ontstaat in eerste instantie, net als een huwelijk, in het hart van de partners. Het is een organisch losmaakproces. Wanneer twee mensen samen tot het uiterste zijn gegaan, zo ver als ze kunnen of willen, is echtscheiding de enige humane oplossing. Het is immoreel om te proberen een ander tegen zijn of haar wil vast te houden.

In het gunstigste geval vindt de scheiding plaats in een sfeer van dankbaarheid jegens de partner voor de tijd die je met elkaar hebt doorgebracht. In die zin is het niet slechts een scheiding, maar ook een voltooiing.

*

Het zou niet eerlijk zijn te beweren dat kinderen geen kwetsuren oplopen door de scheiding van hun ouders. Anderzijds raken ze ook verwond door het feit dat hun ouders elkaar niet willen of kunnen liefhebben en respecteren.

Als de partners, door het losmakingsproces van de scheiding, weer respect voor elkaar kunnen krijgen, kan het voor de kinderen een vooruitgang zijn. Het heeft op kinderen altijd een gunstige uitwerking als ze zien dat volwassen liefdevol en respectvol met elkaar omgaan.

Wil een echtscheiding echter heilzaam zijn, dan moeten de ouders de kinderen welbewust en consistent aandacht geven, opdat ze zich niet in de steek gelaten of schuldig gaan voelen. Het belang hiervan kan niet voldoende worden onderstreept.

*

Ware onthechting komt voort uit je vertrouwdheid met anderen, niet uit vervreemding. Je van anderen distantiëren levert geen onthechting op, maar het tegendeel. Alleen wanneer je anderen in je hart toelaat, kun je hen los gaan laten.

*

Geen enkele relatie duurt eeuwig. Mensen komen bij elkaar omdat ze samen iets belangrijks te leren hebben. Als men die lessen geleerd heeft, gaat men verder naar andere uitdagingen met andere leermeesters. Zo is dat nu eenmaal.

Het geheim is dat je je geen zorgen moet maken over de vraag hoe lang een relatie duurt, maar er je beste krachten en je aandacht aan moet geven. Beleef zoveel mogelijk vreugde aan en met je partner. Leer zoveel je kunt van de pijnlijke momenten. Doe je best om eerlijk en duidelijk te zijn tegenover elkaar. Ga net iets verder dan wat nog veilig en aangenaam is. Wees flexibel en opbouwend. Wees de eerste die toegeeft en de ander geluk toewenst. Geef, zonder je druk te maken om wat je terug zult krijgen. En als je onderuitgaat, sta op en lach om je eigen domheid.

Je zult nooit volmaakt liefde kunnen geven of ontvangen. Probeer dat ook niet, probeer alleen een beetje meer open te staan voor het geven en ontvangen van liefde dan voorheen.

Beloften en vervulling

Relaties zijn een tweesnijdend zwaard. Ze beloven je iets verrukkelijks, maar roepen de primitiefste en minst geïntegreerde emoties in je op. Ze beloven je kameraadschap, maar stellen je voor de uitdaging, schijnbaar onverzoenlijke tegenstellingen te overwinnen. Ze beloven je dat er een einde aan je eenzaamheid komt, maar zetten de deur open voor een nog intenser alleenzijn.

*

Geen enkel ander levensgebied biedt je zoveel kansen om inzicht te krijgen in je kwetsuren en ze te genezen. Je partner is de vroedvrouw die je helpt je volledige potentieel ter wereld te brengen. Dankzij hem of haar kun je de ontwrichtende patronen laten varen die je geluk aantasten. Door de spiegel die je partner je voorhoudt, ontdek je je heelheid en leer je jouw gave aan de wereld te geven.

Ware liefde

Wanneer je geleerd hebt evenzeer rekening te houden met het welzijn van een ander als met het jouwe, kun je dat met iedereen. Dan wordt niemand meer van jouw liefde uitgesloten. Wat je aan de een geeft, geef je aan iedereen. Wat je van de een krijgt, krijg je van iedereen.
Ware liefde betekent het einde van de afzonderlijke gedachten, afzonderlijke plannen, afzonderlijke willen. Ze heeft slechts één gedachte, één plan, één wil, één liefde voor al wat leeft. Dit alles krijgt echter pas betekenis zodra je één mens leert lief te hebben als jezelf. Voor de meesten onder jullie is dit de doorgang naar goddelijke gelukzaligheid.

Geven wat je te geven hebt

Je leven is een kunstwerk

Je leven is een kunstwerk en je moet er net zo druk mee bezig zijn als een bij die druk in de weer is met bloemen bestuiven. En onthoud: werk waar je geen vreugde aan beleeft, brengt in de wereld niets waardevols tot stand.

*

Mislukkingen bestaan niet op deze planeet. Zelfs de daklozen, de prostituees, de drugsdealers kneden de klei die ze toebedeeld gekregen hebben.
Het feit dat jij een bepaald kunstwerk niet mooi vindt, wil niet zeggen dat het ophoudt een kunstwerk te zijn. Saaie verhalen bestaan niet. Elk verhaal is een juweel. Elk beeldhouwwerk is geïnspireerd.
Je kunt niet zeggen dat wat de een van zijn leven maakt minder waardevol is dan wat een ander ervan maakt. Het enige wat je naar waarheid kunt zeggen, is dat je aan wat de een gemaakt heeft de voorkeur geeft boven wat de ander gemaakt heeft. Je hebt zo je voorkeuren.
Gelukkig deelt God die voorkeuren niet. De jouwe noch die van een ander. God aanhoort ieders verhaal. Zij leent Haar oor aan ieders hart.

De gave aanvaarden

Welke gave je ook te geven hebt, het is de perfecte gave. Het maakt niet uit of het is wat je dacht of wat je wilde.
Wanneer je de gave in liefde aanvaardt, zal je levensdoel zich

onthullen. Dan zie je dat elke les, elk probleem, elk pijnlijk moment absoluut noodzakelijk was om die gave, dat geschenk, te kunnen geven en ontvangen.

*

God geeft geen gaven van twijfelachtig allooi.
Vaak weet je niet wat de gave te betekenen heeft totdat je ermee aan de slag bent gegaan in je leven. Dat kan frustrerend zijn, maar het is onvermijdelijk.
Gods gaven zijn geen voedsel voor de verwachtingen van je ego. Hun waarde is van een hogere orde. Ze helpen je je open te stellen voor je ware aard en het werkelijke doel van je bestaan. Soms lijkt het of er een deur mee gesloten wordt en begrijp je niet waarom. Pas wanneer de juiste deur opengaat, begrijp je waarom de verkeerde deur dichtging.

*

Iets wat je intens waardeert krijgt je volledige en liefdevolle aandacht. Je koestert het, geeft het water, je brengt het tot wasdom, tot de waarheid. Dat gebeurt niet van de ene dag op de andere. Dat gebeurt niet precies zoals en wanneer jij dat wilt. Het komt tot bloei door jouw toewijding, jouw consistentie, jouw devotie. Alles wat je bemint gedijt. Het ontplooit zich. Het krijgt wortels en vleugels. Zo beweegt de genade zich door je leven.

*

De gaven die jij in dit leven gekregen hebt, behoren niet alleen jou toe. Ze behoren iedereen toe. Wees niet zelfzuchtig door ze anderen te onthouden.
Zet jezelf niet gevangen in een manier van leven waarbij je je

geestkracht in gijzeling houdt en geen ruimte maakt voor spontaniteit of genade. Neem het risico volledig jezelf te zijn.
Laat de verwachtingen die anderen van je hebben los, en maak contact met datgene wat je de meeste vreugde en voldoening schenkt. Leef van binnen naar buiten, niet van buiten naar binnen.
Iets doen wat je vreugde schenkt is niet zelfzuchtig. In feite is het de ruimhartigste actie die je kunt ondernemen. Dat komt doordat er behoefte is aan wat jij te geven hebt. Je kunt anderen niet opbeuren tenzij je jouw gave vertrouwt en die aan de wereld geeft.
Bedenk eens hoe leeg je leven zou zijn wanneer anderen zouden besluiten hun gaven te laten voor wat ze waren. Alles wat je heerlijk aan het leven vindt – muziek, poëzie, films, sport, humor – zou verdwijnen wanneer anderen jou hun gaven zouden onthouden.
Onthoud anderen je gaven niet. Vergis je niet door te denken dat je niets te geven hebt. Iedereen heeft een gave.
Jouw gaven brengen jezelf en anderen vreugde. Het is een uiting van creativiteit waarmee je de grenzen van de afscheiding doorbreekt en anderen laat weten wie je bent.

Waardering

Alleen wat met veel enthousiasme uit je hart komt, kan op alle niveaus gedijen. Alleen iets waar je van houdt zal anderen raken en je oprechte waardering bezorgen. Waardering is de natuurlijke, spontane energiestroom die bij je terugkomt wanneer anderen zich met jou en jouw verhaal verbonden voelen. Je kunt om waardering op te roepen niets anders doen dan jezelf zijn en de waarheid spreken.

*

Veel gaven worden niet erkend of herkend omdat ze niet passen in het beeld dat je ervan hebt. Vaak ontneem je de gave zijn waarde door hem te vergelijken met die van anderen, of je stelt voorwaarden aan je bereidheid anderen erin te laten delen.
Je zegt: 'Ik ga alleen zingen als er duizend man publiek is en ik er minstens tienduizend gulden mee verdien.' Stel dat er nog niet zo heel veel mensen van je gehoord hebben, hoe vaak zul je dan een aanbod krijgen om te komen zingen, denk je?
Dat is zelfondermijnend. Hoe kan je levenswerk zich nu ontwikkelen als je niet de eerste stap neemt om het in gang te zetten?
Hoezeer je ook staat te trappelen om al met je gave de fase van volgroeidheid te bereiken, je moet de tijd nemen om hem te koesteren en ontwikkelen. Zoek een goede leraar. Zing voor vrienden en familie. Neem eerst kleine risico's, daarna grotere. Je krijgt langzaam maar zeker meer zelfvertrouwen en handigheid. Dan, zonder dat je er iets voor hoeft te doen, wordt je publiek groter.
Mensen die niet klein willen beginnen, bereiken nooit iets. Ze streven naar het hoogste, maar leren nooit met twee benen op de grond te staan.
Jouw houding ten opzichte van je gave zegt veel over de vraag of je gelukkig bent of niet. Gelukkige mensen brengen hun gaven voortdurend tot uiting, op elk vlak en in alle omstandigheden die het leven hun voorschotelt. Ongelukkige mensen houden hun gaven voor zich totdat het leven hun het volmaakte platform biedt.
Vertrouwen op je gave betekent deels ook dat je je niet bezighoudt met hoe de gave ontvangen moet worden. Dat is jouw zaak niet. Daar heb jij niets mee te maken. Hoe geweldig je ook zult worden, je weet nooit wie er door je werk geraakt zal worden en wie het de rug zal toekeren.

Om de gave te kunnen geven moet je hem de vrije loop laten. Je moet er niet aan hechten wie het ontvangt en wie niet.
Je kunt je gave niet vasthouden en tegelijkertijd weggeven. Zodra je ziet hoe absurd dat streven is, geef je je gave de vleugels die hij verdient.

Authenticiteit

Wanneer je trouw bent aan jezelf, zul je je niet aan de verwachtingen van anderen conformeren en je ook niet van hun feedback distantiëren.
Verlangen naar goedkeuring staat een oprechte zelfexpressie in de weg. Je wordt dan soft en bent jezelf doorlopend aan het verontschuldigen. De behoefte anderen te schokken of beledigen staat een dialoog en intimiteit in de weg. Je duwt de mensen van je af.
Een authentieke uiting is aanvallend noch verontschuldigend. De waarheid klinkt erin door en het nodigt uit tot een dialoog. Het bouwt een brug van begrip tussen mensen.

*

Zodra je je gave aanvaardt en je angst die te uiten te boven bent gekomen, onttrekt dat energie aan je oude en zelfbeperkende patronen. Als ze geen nieuwe energie meer krijgen, verschrompelen die patronen en vallen ze weg.
Je werk, je gezinsleven, je slaap- en eetgewoonten veranderen allemaal zodra je jezelf serieus gaat nemen en dingen gaat doen die je vreugde schenken. Je maakt je los uit rollen en relaties die je groei niet meer dienen. Dat gebeurt spontaan, zonder dwang of geweld.

Wanneer anderen met jouw absolute en onaantastbare toewijding aan jezelf geconfronteerd worden, doen ze óf met je mee, óf ze gaan je zo snel mogelijk uit de weg. Het grijze gebied dat je door je ambivalentie – je verlangen iets te hebben en het tegelijkertijd op te geven – in het leven riep, wordt een 'ja' of een 'nee'. Er ontstaat helderheid zodra de wolken van gehechtheid en twijfel aan jezelf weggesmolten zijn door het toegewijde, stralende Zelf. Wanneer één persoon tot individuatie komt, krijgt daarmee iedereen toestemming hetzelfde te doen. Ontwrichtende patronen in gezinnen worden ontmanteld en maken plaats voor nieuwe patronen, waarin elk individu erkend wordt.

Dat brengt die toewijding aan je Zelf met zich mee. Het haalt laksheid, afhankelijke aanhankelijkheid, neurotisch onderhandelen om liefde, verveling, apathie en kritiserend gedrag omver. Het stimuleert eenieder authentiek te zijn en verantwoordelijkheid op zich te nemen voor zijn eigen keuzes in het leven.

Wanneer één mens trouw is aan Zichzelf en bereid is naar haar ideaal te leven, ontploft daarmee het hele bouwwerk van angst dat haar omringt. Zo eenvoudig is dat. En dat alles gebeurt net zo behoedzaam als dat eerste 'ja' dat ze sprak in de stilte van haar hart.

In de wereld maar niet van de wereld

Wanneer je werk vreugdeloos is, wanneer je unieke talenten en vaardigheden er niet in tot uiting komen en het anderen niet opbeurt, is het geen spiritueel werk. Het is het werk van de wereld.

Ik heb je gevraagd in de wereld maar niet van de wereld te zijn. Wat wil dat zeggen?

Dat wil zeggen dat je werk kiest dat je vol vreugde en in een geest van liefde ten uitvoer kunt brengen. Je manier van werken

wordt een gave, een geschenk.
Als het een opoffering wordt, brengt het geen vreugde. En dan is het ook geen gave meer.
Alleen werk dat je vreugde schenkt kan je geluk brengen. Alleen werk dat je vreugde schenkt kan anderen geluk brengen. De middelen moeten in harmonie zijn met het doel.

*

Houd je verre van werk dat je wordt ingegeven door schuldgevoel of spirituele trots. Probeer niet jezelf te redden door anderen te helpen. Probeer niet anderen te redden terwijl jijzelf gered moet worden.

*

Doe jezelf niet tekort door werk te doen uit opofferingsgezindheid. Doe anderen niet tekort door werk te doen uit hebzucht. Ontzeg jezelf niet wat je nodig hebt om waardig te kunnen leven. Materiële rijkdom kan je niet gelukkig maken.

*

Wanneer je je levenswerk eenmaal gevonden hebt, ligt het grootste obstakel bij de vervulling daarvan in jouw pogingen het te 'sturen'. Je kunt jouw spirituele werk niet 'maken'. Als je dat probeert mislukt het.
Spiritueel werk vraagt om overgave. Wereldlijk werk vraagt om de illusie dat je het in de hand hebt.
Zodra je de behoefte er greep op te houden opgeeft, kan elke vorm van werk spiritueel worden. Zodra je probeert de zaak in de hand te nemen, zakken de meeste spirituele ondernemingen in elkaar.

Spirituele beloningen

Er schuilt niet meer waarheid in het geloof in overvloed dan in het geloof in opoffering. God beloont spiritueel werk niet noodzakelijkerwijs met materieel succes. Elk vorm van beloning is spiritueel. Geluk, tevredenheid, vreugde, mededogen, gemoedsrust, empathie: dat zijn de beloningen voor een integer leven.
Je moet, voor eens en altijd, afleren spirituele rijkdom te meten met een wereldlijke maat.
Als het materiële succes zich aandient, is dat meestal een test om te kijken of je je eigenbelang en hebzucht kunt overstijgen. Je krijgt materiële rijkdom, net als alle andere gaven, om het met anderen te kunnen delen.
Vergis je niet door te denken dat jouw levenswerk een dik salaris moet opleveren. Maar bega anderzijds ook niet de vergissing te denken dat je arm moet zijn om God te kunnen dienen. Een rijk mens kan God even goed dienen als iemand met bescheiden middelen, wanneer hij bereid is zijn rijkdommen te delen. Het maakt niet uit hoe goed gevuld je hand is, maar of je je broeder of zuster al dan niet de helpende hand reikt.

Toewijding

Een doel hebben betekent niets wanneer je het doel niet bent toegedaan. Wanneer je niet met heel je wezen en al je kracht achter dat doel gaat staan, worden je dromen geen werkelijkheid.
Als je werkelijk eerlijk bent tegen jezelf, weet je dat geen mens je ervan kan weerhouden je doelen te verwezenlijken. Jij bent zelf de enige die jouw dromen kan saboteren.

*

Je haalt naar je toe wat je toelaat in je leven. Wanneer je 'nee' zegt tegen wat je niet wilt, haal je naar je toe wat je wel wilt. Zo eenvoudig ligt dat. De enige factor die dit gecompliceerd maakt, is het feit dat je niet altijd weet wat je wilt, of – als je het wel weet – er niet op vertrouwt en erbij blijft. Wanneer je onbewuste verlangens afwijken van je bewuste doelen, haal je dingen naar je toe die een mengeling van beide zijn.
Daarom is de tijd die je besteedt aan het integreren en samenbrengen van je verschillende psychische behoeften en verlangens, ook welbesteed. Wanneer er een onverdeeld verlangen in je hart leeft, en er op alle bewustzijnsniveaus duidelijkheid heerst, verloopt het creatieve proces moeiteloos.

Gezamenlijk scheppen

Elke schepping (creatie) is in feite een gezamenlijke schepping (co-creatie). Je bepaalt wat je wilt, neemt je dat vast voor en gaat aan de slag, en alle kansen die je nodig hebt om je doel te verwezenlijken komen op je pad. Zeker, je moet steeds opnieuw je verwachtingen opgeven. Je moet openstaan voor de kansen die zich voordoen, maar je hoeft niet te zorgen dat ze zich voordoen.
Een van de grote 'Aha's' op het spirituele pad is het inzicht dat je je leven niet hoeft te leiden. Het leidt zichzelf.

*

Onthoud dat je geen vreugde aan je leven beleeft door achter de idealen en daden van anderen aan te lopen of daartegenin te gaan. Je beleeft alleen vreugde aan je leven door trouw te blijven aan de waarheid in je eigen hart.

Een kerk van liefde

Het licht in anderen zien

Richt je niet op de duisternis, want die is uiteindelijk niet echt. Richt je daarentegen op het goede in al wat leeft.

Door het licht in anderen te zien, ben je voortdurend aan het dopen. Je geeft hun de communie. Zelfs wanneer mensen hun zonden opbiechten, bevestig je nog de Waarheid in hen. Richt je niet op wat er ontbreekt of rechtgezet moet worden. Richt je op wat altijd aanwezig is en niet weggenomen kan worden. Richt je op wat juist en goed is. Omdat je niet op zoek bent naar zwakheid, help je mensen hun kracht te vinden. Omdat je niet op zoek bent naar kwetsuren, help je mensen hun dankbaarheid te vinden.

Genezing

Genezer zijn wil zeggen dat je je vermogen om vrij van conflicten, vrij van schuld, vrij van oordeel of verwijten te zijn, accepteert. Wanneer je dat vermogen accepteert, zullen zich in je leven wonderen gaan voordoen, net als in het mijne.

*

Probeer niet anderen te genezen. Genees louter jezelf. Elke keer dat er een veroordelende gedachte in je opkomt, of een gevoel van afgescheidenheid, is dat voelbaar voor elk hart en elke denkgeest in het universum. Jouw genezing behoort niet alleen jou toe, maar al wat leeft.

Een kerk van liefde

Zodra je leert jezelf lief te hebben, kun je niet anders dan anderen liefhebben. Dat is niet moeilijk
Wanneer je liefhebt kent die liefde geen grenzen. Ze vernieuwt zich in een voortdurende kringloop, een stroom die het hart in- en uitgaat. Het getij van de liefde is betrouwbaar en regelmatig, als bij golven die breken en zich terugtrekken op het strand. Ze raken met hun zegen elke kust.
Liefde is niet iets wat je doet. Het is wat je bent. Jij bent de belichaming van de liefde op dit ogenblik. Niets minder.

*

Waar je ook gaat, de liefde gaat met je mee. De liefde beweegt in jouw benen, doet een handreiking met jouw handen, spreekt met jouw stem en ziet met jouw ogen.
Door jou is de liefde overal. Zonder jou zou ze onzichtbaar zijn. Daarom is er ook behoefte aan jouw dienstbaarheid. Nee, niet in de vorm van prediken of zieltjes winnen, maar in je manier van luisteren, troosten en meeleven.
In jouw zwijgen wordt de aanwezigheid van de liefde voelbaar. In jouw acceptatie ervaart men het mededogen van de liefde. In jouw glimlach manifesteert zich de vreugde van de liefde.
Wat zich door jou tot uitdrukking brengt is de Christus, de belichaming van Gods liefde Zelf. Ik ben de enige Christus niet.
Toen ik de roep hoorde, heb ik die beantwoord. Nu hoor jij die roep ook en beantwoord je die door gevolg te geven aan deze eenvoudige leer: 'Wat niet liefdevol is moet vergeving krijgen en wat vergeving gekregen heeft wordt de geduldige zegen van de liefde die wordt uitgestort over een onvolmaakte wereld.'

*

Jullie zijn stuk voor stuk kanalen waardoor Gods liefde naar anderen toe kan stromen. Daar is niets raadselachtigs aan. Zodra je in je hart ruimte maakt voor God, zorgt Hij dat de vreemdeling bij je op de stoep staat. Zodra je in je gemeenschap ruimte maakt voor God, zorgt Hij dat de verschoppelingen en rechtelozen het heiligdom van je kerk binnenkomen.
Zo werkt Geestkracht. Wanneer je liefde geeft, zullen zij die behoefte aan liefde hebben je weten te vinden. Ze komen door jouw liefdevolle aanwezigheid tot God.
Er is een tijd geweest dat ik aanbood de Poort voor jou te zijn. Nu moet ook jij de Poort worden.

De grootste leermeesters

Het komt zelden voor dat iemand haar werk doet zonder zelf de aandacht te trekken, zonder de publiciteit te zoeken, zonder een organisatie om zich heen op te bouwen. Het is zeldzaam als iemand inspirerend is zonder zich daarop voor te laten staan, geneest zonder zich te laten betalen, geeft zonder er iets voor terug te vragen.
De grootste leermeesters zijn het nederigst, het liefdevolst en het meest stimulerend voor anderen. Als je zo'n leermeester wilt vinden, moet je verder kijken dan uiterlijkheden. Zoek de man of de vrouw die je niets belooft, maar zonder aarzeling van je houdt. Zoek de leermeester die niet de pretentie heeft jou te verbeteren of onderrichten, maar die je hart doet opengaan wanneer zij/hij je in de ogen kijkt.

*

Een oprechte en integere leraar kan je maar één vraag stellen: 'Ben je gelukkig, hier en nu?' Als het antwoord 'ja' luidt, ben je al in de hemel. Als het antwoord 'nee' luidt, vraagt zij/hij: 'Waarom niet?'
Dan kun je die leraar een referaat van dertig pagina's geven waaruit blijkt waarom je ongelukkig bent, maar zij/hij vraagt simpelweg wederom: 'Waarom niet?' En vroeg of laat zul je beseffen dat al je redenen om niet gelukkig te zijn iets met het verleden te maken hebben.
Een leermeester kan alleen maar vragen: 'Waarom nu niet?' Zij/hij is niet geïnteresseerd in je verleden of je toekomst.

*

Geen mens kan iemand die liefde uitstraalt weerstaan. Iedereen gaat aan zijn voeten zitten. Kun je je dat voorstellen? Men wordt niet uitgenodigd, laat staan bekeerd, maar komt desondanks. Men komt omdat de liefde hen roept en die roep beantwoordt men.
Je hoeft er niet agressief op uit te gaan om de boodschap te verkondigen. Je hoeft de mensen er niet mee om de oren te slaan en hen naar je kerken of synagoges te slepen. Houd maar gewoon van elkaar, dan komen de mensen vanzelf. Ze komen, laten zich tot de rand vullen en gaan dan naar huis met een beker die overstroomt. Dát is de wijze waarop deze leer zich verspreidt.
Een pleitbezorger van de liefde zijn gaat moeiteloos. Je blijft gewoon liefhebben en de mensen blijven komen. Je blijft gewoon je fouten toegeven en je zorgen en angsten opbiechten, en de mensen sluiten je nog steviger in hun hart.

Godsdienst

Ik stel je niet graag teleur, maar in feite is het zo dat niemand echt behoefte heeft aan godsdienst. Je hoeft je niet aan de schil vast te houden. Je moet hem echter wel openbreken en het zaadje planten.

Wanneer je diep genoeg graaft in de tuin van je geloof, stuit je op de klanken van waarheid en schoonheid die je zullen helpen je hart te openen voor de liefde. En daar moet je je op richten. Daar moet je het zaad van het geloof planten dat in jouw leven wortel zal schieten.

In de lente staan er vele prachtige bomen in bloei. De ene is niet beter dan de andere. Ze hebben elk hun eigen bijzondere schoonheid. Als je ze bij elkaar ziet, levert dat een buitengewone tuin op. Zo zit het ook met de diverse benaderingen van het goddelijke. Elke benadering kent haar eigen schoonheid en integriteit. Zij spreekt bepaalde mensen aan en andere niet. Zo hoort het ook. De ene boom is niet beter dan de andere. De ene godsdienst is niet beter dan de andere.

Ongeacht de traditie waartoe je behoort, moet je het zaad vinden, dat loshalen uit de schil en ervoor zorgen dat het tijdens jouw leven geplant wordt. Je moet de kerngedachte van de leer eruit halen, de kern die jou met de liefde verbindt, en die leerstelling aan je kinderen doorgeven. Alleen op die manier kan een traditie gezond blijven.

Een dorre boom draagt geen vrucht. Een godsdienst die zijn volgelingen niet helpt contact te maken met de liefde, gedijt niet.

*

Eenieder kan een godsdienst voor insiders in het leven roepen

en anderen, die zijn overtuigingen in twijfel trekken, buitensluiten. Dat heeft niets met spiritualiteit te maken. Het heeft meer te maken met de onzekerheden van die persoon.
Sekten floreren door dit soort onzekerheden. Zogenaamd uit spirituele overgave moeten ingewijden het hoofd buigen voor de autoritaire organisatiestructuur van de sekte. Zo kan een hersenspoeling doorgaan voor verlichting.
Hiërarchische, gesloten systemen beloven je Shangri-La maar wat je krijgt is Alcatraz. Ze beloven je vrijheid van het lijden maar je wordt lichamelijk misbruikt en mag niet denken wat je wilt. Je kunt niet voorkomen dat mensen in zo'n situatie terechtkomen, maar hun wel een helpende hand bieden als ze zover zijn dat ze eruit willen.

Nieuwe wijn in nieuwe zakken

Wanneer je een veilige en liefdevolle sfeer wilt creëren, is het van essentieel belang dat verschillen er getolereerd worden. Mensen hoeven niet dezelfde overtuigingen te hebben om hun spirituele verbondenheid en eenheid met elkaar te kunnen ervaren. Die eenheid – communie – ontstaat door elkaar liefde te geven en niet te beoordelen. Die kan overal ontstaan, binnen elke groep mensen, wanneer men serieus van plan is elkaar lief te hebben en te respecteren.
Het wordt tijd dat kerkgenootschappen en tempels hun rol gaan herdefiniëren. Het moeten geen plekken meer zijn waar men zich angstig vastklampt aan rechtlijnige overtuigingen waarover men het eens is; het moeten plekken worden waar men zichzelf gaat onderzoeken, waar verschillen welkom zijn. Liefde, niet het feit dat je het met elkaar eens bent, moet de band worden die de gemeenschap samenbindt.

*

Een samenleving waarin verschillende gezichtspunten getole- reerd worden, is een samenleving die gebaseerd is op het in de praktijk van het dagelijkse leven blijk geven van liefde en ge- lijkwaardigheid. Gelijkwaardigheid tussen mensen vereist dat alle ideeën aanhoord worden en alle standpunten overwogen worden. Het pad naar de waarheid is nooit makkelijk geweest. En het is al helemaal nooit op opportunisme gebaseerd geweest.

Een levende kerk

In een levende kerk staat het iedereen vrij haar eigen spritituele pad uit te zetten. Ze krijgt de volkomen vrijheid bij dat streven, en schenkt op haar beurt die vrijheid ook aan anderen. Ze be- looft dat ze niemand zal proberen te bekeren of verbeteren. Ze vraag om onvoorwaardelijke acceptatie en steun voor haar ont- wikkelingsweg en geeft die ook aan anderen.

In een levende kerk ligt de macht in handen van de congregatie. De rol van de voorganger is dat hij of zij de anderen aanmoe- digt hun eigen unieke weg te gaan. Hoe succesvoller de voor- ganger is in het stimuleren van de anderen, des te participeren- der de gemeenschap zal worden.

Een bekwame voorganger nodigt anderen uit verantwoordelijk- heden op zich te nemen, hun gaven te delen en samen met hem de organisatie op te bouwen. Wanneer de congegratie eenmaal goed draait, zit het werk voor de voorganger erop en kan hij het rustig aan gaan doen of doorstromen naar een nieuwe omgeving waar hem nieuwe uitdagingen wachten.

*

Een levende kerk is een therapeutische, heilzame gemeenschap die echter geen therapeuten of heelmeesters heeft.
Je wordt er uitgenodigd ruimte te maken en erop te vertrouwen dat de Geest geneest. Wanneer je probeert de geneeskundige, de zielzorger, de leermeester of de technicus te worden, schuif je iedereen alleen maar meer verwarring, angst en schuld op zijn bordje.
Een levende kerk biedt je geen technieken voor verbetering of verlossing. Ze verschaft je een veilige sfeer en nodigt je uit anderen deelgenoot te maken van je ervaringen. Ze vraagt je die veilige sfeer te helpen creëren door in mildheid anderen te aanhoren. Meer niet.
Dat is genoeg voor een heel leven.
Je hoeft niet alle antwoorden te kennen om te kunnen groeien, door je angsten heen te komen, vollediger in het leven te kunnen staan. Zodra jij je verhaal vertelt en meeleeft met het verhaal van anderen, begint in je hart het alchemistische transformatieproces. Dat proces kent zijn eigen regels, zijn eigen integriteit, zijn eigen tijdschema. Zodra jij erop leert vertrouwen, neemt de Geest de leiding in jouw leven en zijn genezing en wonderen een logisch gevolg.

Een open geest en een open hart

De mate van echtheid van een gemeenschap hangt af van de vraag in hoeverre in die gemeenschap een open geest en een open hart bevorderd worden.
Je bevordert een open geest niet wanneer je een of ander dogma onderwijst. Het is manipulatief en heerszuchtig om mensen antwoorden te verschaffen. Je kunt hen daarentegen beter helpen hun eigen vragen te stellen en hun eigen antwoorden te vinden.

Je bevordert een open hart niet wanneer je iemand van je gemeenschap uitsluit of enig lid een voorkeursbehandeling geeft. Mensen openen hun hart wanneer ze zich welkom voelen en als gelijken behandeld worden. Niets sluit een hart sneller af dan concurreren om liefde en aandacht.
Daarom moet een gemeenschap zich in eerste instantie ook richten op het stellen van duidelijke grenzen, en het in gang zetten van een gezond groepsproces. Eenieder moet de kans krijgen gehoord te worden en gestimuleerd worden om zonder verwijten te communiceren. Wanneer de sfeer zo veilig is dat men zijn gevoelens kan uiten zonder anderen aan te vallen, kunnen misverstanden, oordelen en projecties worden opgelost. Dan kan men terug naar zijn hart. Dan wordt het vertrouwen hersteld.

*

Door je oordelen en angsten aan anderen op te biechten, bouw je mee aan een meedogende en vergevingsgezinde groepscultuur. Jij noch een ander hoeft zichzelf ervanlangs te geven als er angsten of oordelen opkomen.
Wanneer je het ego met mededogen beziet, bezie je het niet meer vanuit het ego maar vanuit iets anders dat milder en toegeeflijker is, iets dat barmhartig, aanvaardend, vergevingsgezind is. Het maakt niet uit hoe je dat noemt.
Door de vrijwillige biecht wordt er een gemeenschap van gelijken geboren. Niemand is spiritueler dan een ander. Iedereen heeft oordelen en wil die laten varen. Wanneer de een een fout toegeeft, denkt de ander: 'Dat ben ik. Ik ben niet anders dan mijn broeder.'
In zo'n sfeer pretendeer je niet spiritueel te zijn, je wilt niet volmaakt zijn en schaamt je niet om je onvolmaaktheid. Er is

slechts sprake van aanvaarding van het ego zoals dat naar voren treedt en zich weer terugtrekt. Er is sprake van geduld en mededogen. Daarmee wordt de sfeer steeds veiliger.
Een dergelijke gemeenschap schenkt onvoorwaardelijk vergeving en is voor iedereen een zegen. Het is een veilige plek waar het ego naar voren mag treden zonder veroordeeld te worden, een gewijde plek waar elke contractie, elke angstige beweging, liefdevol wordt erkend en oplost. Het is een heiligdom waarin hart en geest zich louter sluiten om zich daarna weer vollediger te kunnen openstellen voor de aanwezigheid van liefde.

Ware liefde

Ware liefde is onvoorwaardelijk. Ze sluit niemand uit, om geen enkele reden. Ze vereist dat je verder kijkt dan de uiterlijke verschijning, anderen beziet vanuit de innerlijke overtuiging dat alle mensen de goddelijke vonk in zich dragen.
Ware liefde wil mensen niet vastleggen, overheersen of tot slaaf maken, maar bevrijden, stimuleren, anderen de ruimte geven hun eigen waarheid te ontdekken. Bij welke kerk of tempel staat dat op de agenda? Welke godsdienstige organisatie geeft haar leden de vrijheid om in naam van de liefde tot zelfverwerkelijking te komen?
Welke kerk geeft iedereen liefde en het gevoel erbij te horen? Welke menselijke gemeenschap is vastbesloten verder te kijken dan haar angsten en wil leren haar vijanden lief te hebben?
Was dit, toen ik om een kerk vroeg, niet de kerk waar ik om vroeg? Vroeg ik niet om een gemeenschap die de tegenwoordigheid van Christus in elk menselijk wezen zou erkennen, een gemeenschap waar niemand uit zou worden verdreven of verbannen? Wat betekent de verlossing, vraag ik je, wanneer je die niet

iedereen aanbiedt, ongeacht zijn uiterlijk of overtuigingen?

*

Ieder mens begrijpt intuïtief dat zijn leven nooit meer hetzelfde zal zijn wanneer hij of zij dit pad gaat bewandelen. Dat begrijp ik.

Veel mensen spelen graag dat ze zich overgeven, maar blijven verslaafd aan de macht. Ze houden wel van anderen die hetzelfde zijn als zij, maar houden vast aan hun oordeel over anderen die anders zijn. Op die manier wekken ze de schijn spiritueel te zijn zonder het risico te lopen kwetsbaar te worden. Ze praten over liefde, maar er blijft een hard laagje om hen heen zitten waarmee ze de liefde van zich af duwen. Ze hebben iets wat op liefde lijkt, maar het niet echt is. Ware liefde zou hun leven openbreken.

Overvloed en genade

Het geloof in schaarste

Geloof in schaarste is het gevolg van jouw opvatting dat je geen liefde waard bent. Wanneer je vindt dat je geen liefde waard bent, projecteer je dat gebrek om je heen.

Als je met schaarste te maken krijgt, betekent dat niet dat God je straft. Het betekent dat je jezelf een overtuiging voorhoudt die rechtgezet moet worden.

Er komt geen overvloed in je leven doordat je een of andere hocus-pocusspreuk uit je hoofd geleerd hebt, maar doordat je geleerd hebt de verwonde aspecten van jezelf liefde te geven. Liefde geneest elke perceptie van verdeeldheid en gebrek en herstelt de oorspronkelijke perceptie van heelheid, vrij van zonde of schuld.

De betekenis van overvloed

In tegenstelling tot de algemeen geldende opvatting betekent overvloed niet dat je veel geld of materiële bezittingen hebt. Overvloed betekent dat je hebt wat je nodig hebt, daar wijs gebruik van maakt, en wat je niet nodig hebt aan anderen geeft. Je leeft in stijl, evenwichtig en integer. Je hebt niet te weinig. Je hebt niet te veel.

Aan de andere kant betekent schaarste niet dat je niet genoeg geld of materiële bezittingen hebt. Het betekent dat je wat je hebt niet op waarde schat, er geen wijs gebruik van maakt of het niet met anderen deelt. Schaarste kan betekenen dat je te weinig hebt. Het kan ook betekenen dat je te veel hebt. Je leven is uit balans. Je wilt iets wat je niet hebt of je hebt iets wat je niet wilt of nodig hebt.

Ik kan je verzekeren dat je niet gelukkiger zult worden door een toename van je materiële bezittingen. Je wordt alleen gelukkiger door een toename van je levenslust, je zelfexpressie en je liefde. Als je bankrekening daar ook van toeneemt, dan zij dat zo. Je hebt dan meer te genieten en met anderen te delen.
Het verzamelen van allerlei middelen die je niet nodig hebt en nauwelijks kunt gebruiken zou geen levensdoel moeten zijn. Je levensdoel zou moeten zijn dat je verdient wat je nodig hebt, daarvan geniet en het vreugdevol met anderen kunt delen.
Een rijk en welvarend iemand heeft niet meer of minder dan ze verantwoord en productief gebruiken kan. Ze is niet geobsedeerd bezig met de bescherming van wat ze heeft of het verwerven van wat ze niet nodig heeft. Ze is tevreden met wat ze heeft en staat open voor het geven en ontvangen van alle middelen die God in haar leven brengt.

De wet van behoud van energie

Je kunt alleen geven en ontvangen wat je hebt, niet wat je niet hebt. Elke poging iets te geven of ontvangen wat je niet hebt, is tevergeefs. Het kan alleen op teleurstelling en verdriet uitlopen.
Wanneer je liefdevol bent, krijg je liefde, want liefde keert altijd naar zichzelf terug. Wanneer je liefde eist, krijg je de eis tot liefde. Wat je zaait zul je oogsten. De wet van behoud van energie is een kringloop. Wat je uitzendt komt terug en wat terugkomt zend je uit.
Geven en ontvangen zijn hetzelfde. Geven is ontvangen. Ontvangen is geven. Wanneer je dat beseft, valt het hele schaak-spel uit elkaar. Het is geen mysterie meer.

Economische rechtvaardigheid

Je houdt de middelenstroom in beweging door te geven wat je hebt. Wanneer je minder geeft dan je hebt, breng je de middelenstroom uit balans.

Niemand anders dan jij kan bepalen wat je te geven hebt. Daarom kan geen enkel economisch systeem, hoe zuiver ook, een eerlijke verdeling van de collectieve middelen bewerkstelligen. Alleen eerlijke mensen kunnen een eerlijke economie in het leven roepen.

Eerlijkheid ontstaat vrijwillig. Het ontstaat nooit onder druk. Mensen moeten de vrijheid hebben fouten te maken en daarvan te leren. Anders is er geen sprake van een open systeem en kan er geen groei plaatsvinden.

Energie en vorm

Energie breidt zich van nature uit. Vorm trekt van nature samen. Dit is een van de onvermijdelijke paradoxen waarmee je moet leren leven.

Scheppende energie wil je openbreken, en de structuur van je geest en je lichaam verzet zich tegen die expansie. Het is daarbij belangrijk dat je beseft dat elke structuur tot het verleden behoort, terwijl energie louter in het hier-en-nu bestaat.

Het is als bij water waar je vanaf de rivieroever naar kijkt. Je kijkt nooit naar hetzelfde water. Op dezelfde wijze is de energie in jou nooit dezelfde energie als vijf minuten daarvoor. Ook dat is nieuwe energie.

Dat is werkelijk gunstig, want het betekent dat je nooit beperkt bent tot het verleden. Elke aanpassing in bewustzijn die je in het heden aanbrengt, heeft ogenblikkelijk invloed op de energie die door je heen kan stromen. Liefde opent het geest/lichaambewustzijn tot zijn maximale energetische potentieel, waardoor anderen de energie van acceptatie, dankbaarheid en vriendelijkheid rechtstreeks naar zich toe 'voelen' stromen. Daardoor stelt hun hart en geest zich open voor hun eigen potentieel en worden ze gestimuleerd hun creatieve talenten met anderen te delen. Zo wek je overvloed op in de wereld.

De plannen van het ego opgeven

De scheppingskracht beweegt zich via jou naar anderen en via anderen naar jou. Wanneer je ermee in harmonie wilt zijn, moet je de plannen van je ego opgeven. De plannen van je ego opereren vanuit de overtuiging dat je mensen en gebeurtenissen kunt manipuleren om de door jou gewenste afloop te bewerkstelligen. De plannen van je ego zijn zelfzuchtig en kortzichtig. Ze houden geen rekening met het welzijn van anderen en daardoor houden ze geen rekening met jouw hoogste welzijn.

Wanneer je iemand iets ontfutselt wat zij/hij verdient, verlies je niet louter wat je dacht te zullen winnen; je verliest eveneens wat je gewonnen zou hebben wanneer je je minder zelfzuchtig zou hebben gedragen. Elke poging iets op een zelfzuchtige wijze te verwerven leidt op den duur tot verlies en een nederlaag, omdat zelfzuchtige acties niet ondersteund worden door de universele levenskracht.

Wie anderen uitbuit kan door zijn of haar grote vastberadenheid en handigheid ogenschijnlijk de overhand krijgen, maar houdt op de lange duur geen stand. Zijn overwinning is slechts van tijdelijke aard. Goliath regeert slechts totdat David opstaat om hem te verslaan. Uiteindelijk zullen, zoals ik gezegd heb, 'de zachtmoedigen de aarde beërven'.

Genade

Je krijg genade wanneer je je neerlegt bij wat is. Je krijgt strijd wanneer je wat is wegduwt of er iets anders van probeert te maken. Je krijgt genade wanneer je aanvaardt. Je krijgt strijd wanneer je afwijst of iets probeert te verbeteren. Genade is natuurlijk. Strijd is onnatuurlijk. Genade is moeiteloos. Strijd kost veel moeite. Stijd betekent dat je in de weg staat. Genade betekent dat je uit de weg gaat.

Niemand wordt continu begenadigd. Er doen zich nieuwe lessen voor die geleerd moeten worden. Hoe ver je hart zich ook geopend heeft, er zullen momenten komen waarop het zich nog steeds angstig samentrekt. Dat valt te verwachten.

Genade komt en gaat. Er ontstaat harmonie en die gaat weer verloren. God verschijnt en verdwijnt weer. Je vergeet je Ik en denkt er weer aan.

Genade treedt op in de stroom van het leven, niet los daarvan. En het leven is altijd in beweging, als een rivier die zich door het landschap windt en kronkelt.

Ze begint als een bergstroompje dat naar beneden raast, onstuimig en vastbesloten haar doel te bereiken. Vervolgens wordt ze vlakker en beweegt zich naar het schijnt gedurende een eeuwigheid door velden en vlakten, ze verdeelt zich in verschillende stromen en vloeit samen met andere waterlopen. Tegen de tijd dat ze de zee bereikt, heeft ze geen enkele haast meer. Ze beschikt daarentegen over een vertrouwen dat uit ervaring geboren is. Tegen de tijd dat ze de zee bereikt ziet ze zichzelf alleen nog maar als zee. Ze rust volkomen in zichzelf, zonder begin of einde.

Zo gaat het ook met jou. Wanneer jij volkomen in je leven opgaat, wordt alles waarmee je afstand hield voorzichtig weggewassen. Met je inademing stel je je open om wat komt te omarmen. Met je uitademing laat je het zachtjes los.

*

Je betreedt de kringloop van genade door jezelf of een ander liefde te geven. Je betreedt de kringloop van angst door jezelf of een ander liefde te onthouden.
Wanneer je je in de ene kring bevindt, ga je betwijfelen of de andere kring wel echt bestaat. Daardoor heb je vaak het gevoel dat er twee werelden zijn die elkaar uitsluiten.
Wie dankbaar is kan zich niet voorstellen dat hij onrechtvaardig behandeld wordt. Wie rancuneus is kan zich niet voorstellen dat God van hem houdt. In welke wereld wil jij leven?
Dankbaar zijn houdt in dat je de keuze maakt in alles de liefde van God te zien. Geen mens die daartoe besluit kan zich ellendig voelen. Want de keuze blij te zijn leidt even zeker tot blijdschap en geluk als de keuze ontevreden te zijn tot ontevredenheid en wanhoop leidt.
De ene aanpak werkt ondersteunend en verheffend. De andere devalueert en haalt je naar beneden.

De dans van het leven

Wanneer je wilt begrijpen wat flexibiliteit betekent, kijk dan hoe een jong boompje zich gedraagt in de wind. Zijn stam is dun en fragiel, maar toch heeft hij een ontzagwekkende kracht en uithoudingsvermogen. Dat komt doordat hij met de wind meebeweegt, er niet tegenin gaat.
Wanneer de omstandigheden waarin iets kan gebeuren juist zijn, zal dat zonder grote moeite gebeuren. Wanneer de omstandighe-

den niet juist zijn, zal zelfs een enorme inspanning geen succes hebben. Meebewegen met de wind vereist enige gevoeligheid voor de heersende omstandigheden. Je hebt momenten waarop je moet rusten en je terugtrekken, en momenten waarop je energiek voorwaarts moet gaan.
Kijk maar naar de boom die meebeweegt met de wind. De boom heeft diepe wortels en wijd uitstekende takken. Van onderen staat hij vast, van boven is hij flexibel. Het is een symbool van kracht en overgave.
Jij kunt dezelfde karaktervastheid ontwikkelen door flexibel mee te bewegen met alle situaties in je leven. Sta rechtop en wees geworteld in het hier-en-nu. Weet wat je behoeften zijn, maar sta toe dat eraan tegemoetgekomen wordt zoals het leven dat met zich meebrengt. Houd niet vast aan de wens dat er op een bepaalde manier aan je behoeften voldaan wordt. Als je dat doet, bied je onnodige weerstand. Een boomstam knapt wanneer hij probeert de wind te weerstaan.
Beweeg mee met de wind. Je leven is een dans. Het is goed noch slecht. Het is een beweging, een continuüm.
Je staat voor een simpele keuze. Je kunt gaan dansen of niet. Je besluit niet te dansen haalt je niet weg van de dansvloer. Om je heen gaat de dans door.

Boeddha's venster

De Boeddha stond er net zo voor als jij. De aard van het lijden verandert niet. Jij hebt geen bijzondere handicap gekregen en evenmin minder vaardigheden.
Er is geen verschil tussen jou en de Boeddha, of tussen de Boeddha en mij. Je bent zuiver zijn. De Boeddha is zuiver zijn. Jij worstelt met je identificatie met de vorm. Dat deed de

Boeddha ook. Dat deed ik ook.
We worden allemaal op de proef gesteld. We bouwen allemaal op drijfzand en worden naar beneden gezogen in het moeras van het voorwaardelijke bestaan. Maar we zijn het voorwaardelijke niet.
Alle voorwaarden komen van ons. Zodra we ophouden voorwaarden te stellen aan onze aanvaarding van het leven, valt het relatieve bestaan weg.
We zijn de lotus die op het troebele wateroppervlak van de vijver drijft. We zijn het bewustzijn, de intense ontdekking die uit het duister der condities omhooggroeit. We zijn de witte bloem die door dat troebele water gevoed wordt.
Als je schoonheid zoekt zonder droefenis, zul je die niet vinden. Als je zoekt naar vreugde zonder het schrijnen van de pijn, zoek je tevergeefs. Al het transcendente ontstaat uit het laag-bij-degrondse, het licht uit het duister, de bloem uit de modder.
Geef je lineaire manier van denken op, je starre rechterhersenhelft-verwachtingen ten aanzien van de betekenis van spiritualiteit. Wanneer het absolute waarlijk absoluut is, bestaat er geen plek waar je het niet tegenkomt.
Kies bij een meningsverschil niet de kant van één partij. Leer beide standpunten in te nemen en werk naar het midden toe. Beide extremen weerspiegelen elkaar. Mensen die een conflict hebben, delen dezelfde les.
Er bestaat maar één weg naar de vrijheid. Boeddha noemde het de Middenweg, de weg tussen alle extremen door. Daar kom je niet door partij te kiezen. Je komt er niet door het goede boven het kwade te verkiezen, of het licht boven het duister. Jouw pad loopt daar waar goed en kwaad elkaar kruisen, waar het licht wordt tegengehouden en lange schaduwen werpt.
Er bestaan geen plattegronden die je daar kunnen brengen. Als je

het aan de een vraagt, zegt hij: ‘Ga naar rechts.’ Vraag je het aan de ander, dan zegt hij: ‘Ga naar links.’

Vraag je aan een pessimist waar je de waarheid kunt vinden, dan zegt hij: ‘Die was hier gisteren nog, je hebt hem net gemist.’ Vraag je het aan een optimist, dan antwoordt die: ‘Die komt hier morgen.’

Wie geeft het goede antwoord? Bestaat er eigenlijk wel een goed antwoord? Of is het feit dat je een juist antwoord verwacht op zich al ccn illusic?

Wanneer je de verschillende standpunten kunt zien zonder partij te kiezen, wanneer je midden in het strijdperk kunt staan zonder iemand aan te vallen, ben je daar waar de lotus bloeit. Slechts weinigen zullen je opmerken, maar dat maakt niet uit. Je bent thuisgekomen. Je bent door de sluier heen geglipt. Je bent geen object meer dat het licht blokkeert, maar het venster waar het licht doorheen kan stromen.

Het koninkrijk der hemelen

Essentie

Goddelijke Essentie wordt niet geboren en sterft niet. Het bestaat voorafgaand aan de fysieke geboorte en na de fysieke dood. Het is niet onderhevig aan de ups en downs van het mentaal-emotionele bestaan. Het is een standvastige, liefhebbende tegenwoordigheid waar je naar terugkeert zodra je bent opgehouden jezelf te kruisigen of anderen aan te vallen.

Wanneer je je onbemind voelt, onwaardig of afgesneden van anderen, vergeet je je Essentie, je Wezen. Wanneer je je Essentie voor ogen houdt, houd je je spirituele verbinding met al wat leeft voor ogen.

Dat heeft niets te maken met je geslacht, je ras, je economische status, je nationaliteit of je godsdienst. Het heeft niets te maken met wie je denkt te zijn of wie anderen denken dat je bent.

De Goddelijke Essentie in jou is volkomen beminnenswaardig en beminnelijk. Wanneer je contact hebt met je Essentie, weet je dat je aanvaardbaar bent, precies zoals je bent. Er is niets aan jou – of aan iemand anders – dat verbeterd of rechtgezet moet worden. Om je Essentie te leren kennen, moet je jouw oordeel over jezelf en je kritiek op je broeder of zuster ter zijde schuiven.

De sluier oplichten

Wanneer je het buiten je zoekt, vind je God niet, want God is niet daarbuiten. God is in je. God zit niet in de uiterlijke verschijningsvorm van het leven. Dat is slechts de sluier. Om de waarheid te kunnen zien, moet je de sluier oplichten.

God is niet het tijdelijke, het veranderende, het onstandvastige.

God is het eeuwige, het onveranderende, het onwankelbare, want God is liefde en houdt nooit op liefde te zijn.
Wanneer je God niet zoekt in je eigen hart, kun je een heel leven leiden en nooit beseffen dat God bestaat. Je kunt verbitterd, wraakzuchtig, kwaad worden. Daar valt niets aan te doen als je per se goedkeuring of waardering buiten jezelf wilt blijven zoeken.
Dan is een totale ommekeer noodzakelijk. Je moet je wenden tot de plek waar God vertoeft. Je moet de plek in jou vinden die onvoorwaardelijk is afgestemd op de liefde.
Dat kan niet wanneer je anderen verwijten maakt of vasthoudt aan je wrok. Het kan evenmin wanneer je je schuldig voelt en jezelf ervanlangs geeft om het feit dat je fouten maakt. Je moet elke vorm van oordeel over jezelf en anderen laten varen. Je moet leeg, met open armen, bij God aankomen.

De poort naar de Goddelijke Tegenwoordigheid

De poort naar de Goddelijke Tegenwoordigheid gaat open via je hart. Hij gaat open door jouw milde acceptatie van jezelf in het hier-en-nu. Hij gaat open door jouw milde acceptatie van anderen zoals ze zijn in het hier-en-nu, door je bereidheid met anderen te verkeren zonder hen te beoordelen of te proberen hen te verbeteren.
De poort naar de Goddelijke Tegenwoordigheid gaat open door simpelweg God voor ogen te houden in het hier-en-nu. Hij gaat open zodra de werkelijkheid niet langer hoeft te voldoen aan jouw beeld van hoe die zou moeten zijn, wanneer je alles wat je denkt te weten kunt overgeven en elk moment volkomen leeg en zonder verwachtingen benadert.
Wanneer je je met de Goddelijke Tegenwoordigheid wilt verbin-

den, open dan je hart. Wees mild voor jezelf en anderen. Zie je oordelen voor wat ze zijn: datgene wat de vrede in jou en buiten jou in de weg staat.
God is niet een of andere abstractie, maar een levende tegenwoordigheid in jouw leven. Het is de adem die elke vorm leven inblaast, het ultieme allesomvattende inzicht, de wezenlijke liefdeszegen over alles wat is.

*

Verwacht niet dat jouw relatie met God eruitziet als die van een ander, en probeer ook niet jouw spiritualiteit te meten door wat jou overkomt te vergelijken met wat anderen overkomt. Gods tegenwoordigheid in jouw leven is volkomen uniek.
Accepteer geen concepten van God die van anderen komen en maak niet de vergissing te denken dat iemand anders over meer spirituele kennis beschikt dan jij. Negeer de priesters, helderzienden en sjamanen die jou de antwoorden willen geven. Zij zijn de blinden die de blinden voorgaan. Eenieder die God nabij is, weet dat jijzelf degene bent die God toestemming geeft in jouw leven tegenwoordig te zijn, jij alleen.
Onderhoud een rechtstreekse relatie met God. Betreed de stilte van je eigen hart. Praat met God. Bid en vraag om leiding. Ga een dialoog aan en geef gehoor aan Gods antwoorden in je binnenste, en aan de tekens die Ze je stuurt.
Leer God naar eigen ervaring kennen. Aanvaard geen subsituten. En weet onomstotelijk dat elke angstaanjagende boodschap niet van God of van een van Haar gezanten komt.
Schrijf anderen niets voor en laat je door anderen niets voorschrijven. Zelfs je bijbels, gechannelde documenten en heilige boeken zijn de beleving van een ander. Aanvaard geen enkele andere leer dan die van je eigen hart.

Onderga de communie – eenwording – in de stilte waar je God ontmoet van aangezicht tot aangezicht. Jij, mijn vriend, bent genoeg. Jij bent voldoende. Al de parels van kennis zijn te vinden in jouw eigen denkgeest. Al de verrukkingen van de Geest kun je ontdekken in je eigen hart.
Kom met anderen bij elkaar in je gezamenlijke waardering voor en dankbaarheid jegens God. Mediteer en bid samen. Breek het brood samen. Geef, ontvang, dien samen, maar laat je niet door elkaar leiden. Erken daarentegen ieders beleving. Die is heilig. Die gaat elk commentaar en elke evaluatie te boven.

De hoogste waarheid

Niet door conformisme maar door authenticiteit kom je tot eenheid. Wanneer je de moed hebt jezelf te zijn, stuit je op de hoogste waarheid die je kunt ontvangen. Wanneer je de hoogste waarheid in jezelf vindt, herken je die wanneer je haar in anderen gemanifesteerd ziet.

Anderen niets voorschrijven

Een door de Geest geïnspireerde man of vrouw vertrouwt erop dat anderen hun eigen weg zullen vinden. Zij/hij streeft niet naar studenten of discipelen.
Wie volgelingen wil, moet hen huisvesten en voeden. Zo iemand vindt de vrijheid niet, want die geeft hij niet.
Er ontstaat pas vrijheid wanneer je elke vorm van gezag van buitenaf van de hand wijst en weigert een autoriteit te zijn voor enig ander. Paradoxaal genoeg is dat ook het ogenblik waarop het ik het Ik wordt.

*

Iets meedelen over jouw ervaring en beleving? Ja zeker! Jouw verhaal kan anderen enorm helpen. Maar wat je hun daarmee biedt heeft duidelijk grenzen. Jij schotelt hun *jouw* beleving voor, een verhaal, geen voorschrift of recept voor anderen. Elke waarheid die een ander daarin ziet, is de waarheid die hij op dat moment in zich op moet nemen. En dat is, uiteraard, voor eenieder die jouw verhaal aanhoort verschillend.
Uiteindelijk ben jij alleen verantwoordelijk voor de overtuigingen die jij accepteert. Iemand kan je verschrikkelijke leugens vertellen, maar het is nimmer zijn verantwoordelijkheid dat jij die ook gelooft. Dus verspil je tijd niet door de goeroe, de sekte of de kerk verwijten te maken. Bedank ze daarentegen. Of ze het nu beseften of niet, ze hebben je een grote dienst bewezen. Ze hebben je duidelijk voorgehouden wat je moet vermijden.
Iedereen geeft op een zeker moment wel zijn macht uit handen, louter om te leren die weer terug te nemen. Dat is een belangrijke en indringende les op het spirituele pad. Wees dankbaar als je die les geleerd hebt. Het betekent dat je dichter bij je eigen waarheid komt, en wanneer je dichter bij je eigen waarheid komt, kom je dichter bij God, de universele waarheid.

De ware autoriteit van je hart

De ware autoriteit van je hart onderwerpt zich niet aan de wensen en behoeften van anderen, hoe knap die ook vermomd mogen zijn. Zij onderwerpt zich evenmin aan je eigen wensen en de behoeften die je onvermijdelijk ziet in je angst. De ware autoriteit van je hart zegent je in je heelheid. Zij wenst niets. Zij wil niets. Zij streeft niet naar goedkeuring door anderen.

Ware autoriteit is stevig als een rots en onderhoudt zichzelf. Zij streeft onophoudelijk naar wat haar de grootste vreugde schenkt zonder anderen te schaden. Zij weet zonder aarzeling dat haar geluk niet in tegenspraak is met het geluk van anderen. Zij dient anderen niet door opoffering, maar door de innerlijke vreugde die van haar uitgaat, die voortdurend in haar opborrelt en overstroomt.

De ware autoriteit van je hart hoeft geen goedkeuring te verwerven van anderen, en wil evenmin zichzelf een genoegen doen ten koste van anderen. Zij wordt niet naar buiten meegezogen in de drama's van anderen en evenmin naar binnen gezogen in een poging de eigen verlangens en behoeften te bevredigen.

Noem het God. Noem het je Ik of je hogere Zelf. Noem het je Christusbewustzijn of je Boeddhanatuur. Namen doen er niet toe. Je maakt contact met die Autoriteit door stil te zijn, door jezelf en anderen rustig te accepteren, door je intense bereidheid aandachtig in het hier-en-nu te zijn. Je zinkt door de oppervlakkige tweedeling van het denken heen naar de diepten van het hart. En daar ontmoet je, niet tot je verrassing, God niet als de Ander, maar als je Zelf. In de stilte bestaat er slechts één enkele hartslag. Die kan aan niemand anders toebehoren, want er is daar niemand anders.

Sterven voor het goddelijke

Het menselijke moet sterven opdat het goddelijke geboren kan worden. Niet omdat het slecht is. Maar omdat het het omhulsel is dat de Geest omvat, de cocon die de vleugels van de vlinder omvat.

Je hoeft echter niet te wachten op het ogenblik van je fysieke dood om de mens te laten sterven. Het menselijke kan op dit mo-

ment al sterven voor het goddelijke, wanneer je bereid bent op te houden het slachtoffer te spelen, wanneer je bereid bent op te houden je te verzetten, te verstoppen, schaamte en verwijten te projecteren.
Je kunt pas vliegen wanneer je bereid bent je vleugels op te eisen. Maar als je dat eenmaal doet, kun je niet meer in de duistere schaduwen van je angst blijven zitten.
De keuze is aan jou. Wat kies je? Wat wil je zijn: slachtoffer of engel?
Daar zit niets tussen! Wat er ogenschijnlijk tussen zit, is slechts het menselijke omhulsel: het schepsel dat nog niet gekozen heeft, de rups die over vleugels droomt.

De lichtdrager

Jij, mijn vriend, bent de Christus, de Messias, degene die de verlossing brengt. Jij bent degene die de liefde geeft die je bij anderen zocht, degene die je bevrijdt van het geweld dat je jezelf aandoet, en de onheuse relaties. Jij bent de enige die in jouw bestaan kan binnenstappen, het je volledig kan toe-eigenen en het kan verheffen.
Pas wanneer jij beseft dat jij de lichtdrager bent, zal de duisternis verdwijnen. Maar voordat je de lichtdrager kunt worden, moet je door je eigen duisternis heen. Wie het licht draagt ontkent de duisternis niet. Hij gaat erdoorheen.
Wanneer er aan jou of aan enig ander niets meer is waarvoor je bang bent, heeft de duisternis je niet langer meer in zijn greep. Dan kun je door het duister heen gaan en het licht zijn.
Pretenderen dat je de lichtdrager bent voordat je je eigen angsten onder ogen hebt gezien, betekent dat je doet alsof, je bent een ongenezen genezer, nep. Alle ongenezen genezers moeten

op den duur van hun ingebeeld voetstuk af komen. Waar het licht louter pretentie is, blijft het duister de overhand hebben.
Om het licht te kunnen zijn, moet je de duisternis omarmen. Jouw duisternis. Ieders duisternis. Je moet afrekenen met het ego-denken en de absolute nutteloosheid ervan inzien. Je moet met liefde in je hart leren kijken naar de angst: jouw angst, de angst van je zuster, de angst van de verkrachter of de moordenaar.
Je moet beseffen dat elke angst hetzelfde is en dat elke angst simpelweg een gebrek aan liefde is. Liefde is de oplossing voor jouw diepste gevoel van afgescheidenheid. Niet de liefde van een ander. Jouw liefde.
Wanneer je eenmaal de toorts van de waarheid oppakt, en liefde geeft aan de gekwetste delen van je denkgeest, neem je je macht terug. Je geeft je slachtofferschap op. Je kunt niet meer oneerlijk behandeld worden, omdat je de Bron van liefde, acceptatie en vergeving zelve bent.
Waar komt de liefde vandaan? Ze komt van jou. Jij bent de weg, de waarheid en het leven, net zoals ik dat was. Zoek het goddelijke niet buiten jezelf. Met jouw zegen over jezelf schenk je de hele wereld vergeving.

*

Wanneer ontstaat het koninkrijk der hemelen op aarde? Zodra jij bereid bent je hart te openen en door je angsten heen te gaan.
Wanneer komt de Messias? Nee, niet ooit, maar nu. Dit, nu, is het einde van de afscheiding, het einde van de projectie, de laatste doodsklok van de angst. Nu.
Leg de verlossing niet in de toekomst, anders komt hij nooit. Vraag om de verlossing nú. Aanvaard de verlossing nú. Gods koninkrijk manifesteert zich louter in *dit* moment.

Wanneer komt de hemel? Wanneer dit moment voldoende is. Wanneer deze plek voldoende is. Wanneer deze vriend voldoende is. Wanneer deze gebeurtenissen en deze omstandigheden aanvaardbaar zijn. Wanneer je niet langer hunkert naar iets anders dan wat er voor je neus staat.

Wonderen en spirituele oefening

Je kunt een wonder niet plannen

Wonderen ontstaan niet vanuit het lineaire stap-voor-stap denken. Je kunt ze niet plannen. Je kunt niet leren hoe je wonderen verricht of mogelijk maakt.
Wonderen komen spontaan voor een hart dat zich geopend heeft en een denkgeest die de behoefte aan controle of weten heeft opgegeven.

*

God vraagt niet van je dat je je verstand uitschakelt en ergens voetstoots in gelooft. Zij/Hij doet je een veel eenvoudiger verzoek: 'Houd simpelweg op met oordelen, houd op met je kritiek, houd op met je pogingen het leven te conformeren aan jouw beeld van de realiteit.'
Wanneer je los van de beperkingen die je je leven placht op te leggen door het leven gaat, lossen problemen zich op. Relaties volgen de juiste koers. Je bemoeit je niet meer met Gods plan.
Wat houdt Gods plan in? Genezing, verzoening, vreugdevolle zelfexpressie en intieme eenwording. Het is Gods plan altijd en overal het wonderbaarlijke te laten gebeuren. Overal waar jouw ego een probleem of beperking ziet, ziet God een gelegenheid om nog intenser lief te hebben.
God zegt: *laat het verleden los en maak ruimte voor iets nieuws en mooiers.* Jij bent daar bang voor omdat jij graag het bekende wilt. Jij wilt continuïteit.
Iets wat continu is, is niet wonderlijk. Wonderlijke gebeurtenissen zijn geen logisch gevolg op wat eraan voorafgaat. Ze staan voor een verschuiving in energie, het is een stap weg van de

vroegere perceptie. Ze zijn onvoorspelbaar en onverwacht.
Je noemt het wonderen omdat God er de hand in heeft. Maar zonder jouw toestemming zouden ze niet plaats kunnen vinden. Zonder dat jij het verleden loslaat, kunnen er geen wonderen gebeuren in je leven. Jij legt de bodem. Jij schept de ruimte waarin het wonderbaarlijke plaats kan vinden.

Een hogere orde

Alle gebeurtenissen hangen samen binnen een hogere orde, waarvan de betekenis doordringt tot hen die hun hart en denkgeest voor hun ervaringen openstellen. Geen enkele gebeurtenis, hoe ongelukkig ook, is zinloos.
Je bent als kreupele niet minder heilig dan iemand wiens gebroken ledematen op miraculeuze wijze genezen werden. Wees niet zo dom te geloven dat je slecht of bezoedeld bent wanneer je niet het wonder krijgt dat je wenst.
Zo'n manier van denken ontstaat wanneer je het leven louter oppervlakkig bekijkt. En als je de wonderbaarlijke aard van het leven wilt begrijpen, moet je onder de oppervlakte kijken.
Wonderen zetten je wereldbeeld op zijn kop. Ze dwingen je jouw interpretatie van het leven te laten varen, zodat je de mogelijkheden kunt zien die daarachter liggen.

*

Visualisatie kan heel krachtig werken. Het kan je zienswijze veranderen en je helpen genezen. Maar ik zou je niet willen aanraden je aan de spoorrails vast te binden en te visualiseren dat de trein verdwijnt die met negentig kilometer per uur op je afkomt.
Je geeft geen blijk van 'wondergezindheid' door te proberen de

fysieke werkelijkheid te manipuleren. Dat is een daad van het ego. Pogingen op commando wonderen te verrichten worden ondernomen door een clown, niet door een spiritueel ingestelde man of vrouw.
Je geeft blijk van je wondergezindheid door je over te geven aan je bestaan en je te verbinden met Gods wil ten aanzien van jou, van moment tot moment. Het is niet jouw taak te proberen de fysieke wetten te wijzigen, het is je taak ermee samen te werken.

De Poort

Ik heb je gezegd dat je wonderen zult laten zien in je leven, net zoals ik dat gedaan heb in het mijne. Wanneer jij een liefdevolle tegenwoordigheid bent, komen mensen – via jou – thuis bij hun ware Zelf.
Kijk, het maakt namelijk niet uit wie de Poort – of de deur – is. Ik zou het kunnen zijn. Jij zou het kunnen zijn. Het zou een andere broeder of zuster kunnen zijn. De poort hoeft niet te worden toegejuicht.
Als de poort moet worden toegejuicht, is het geen poort meer. Als je de vinger vastgrijpt die naar de maan wijst, zie je niet meer waarheen hij wijst.

*

Ik heb nooit beweerd dat je door stenen muren heen moet kunnen lopen of zelfs maar op water. Ik heb louter naar de open deur gewezen en je gevraagd of je zover was dat je naar binnen kon. En dat is alles wat je je broeder of zuster hoeft te vragen.
Iemand die zonder voorwaarden liefheeft, hecht nooit aan de af-

loop. Mensen komen en gaan, en je weet nooit waarom en waarvoor. Je denkt dat sommige mensen de poort gemakkelijk door zullen gaan, maar ze wenden zich plotseling af. Je bent ervan overtuigd dat anderen de poort zelfs nooit in het oog zullen krijgen, maar zij gaan met onverwachte gratie over de drempel.
Maak je geen zorgen. Het is jouw zaak niet wie er komt en gaat. Het verbond is gesloten in ieder mensenhart, en alleen God weet wie eraantoe is en wie niet.

*

Mijn leven is de vrucht van wat ik doe. En het jouwe ook.
Wat heb je aan mooie preken wanneer degene die ze afsteekt niet in praktijk brengt wat zij/hij predikt. Daden spreken altijd duidelijker taal dan woorden. Men volgt je na in wat je doet, niet in wat je zegt.

De onuitputtelijke bron

De liefde wordt geboren in je hart. Dat is de onuitputtelijke bron waar je zo vaak je wilt uit putten kunt. Elke keer dat je naar de bron gaat, drink je de wateren des levens. Je spirituele dorst wordt gelest. Je zonden worden vergeven. Je wordt gedoopt, genezen en vernieuwd.
Telkens als het leven je zwaar valt, is er één plek die je een wijkplaats biedt. Je moet leren regelmatig een pelgrimage daarheen te maken.
Zoek de antwoorden en oplossingen niet buiten jezelf. Zoek je toevlucht niet bij de ideeën, meningen en adviezen van andere mensen. Ga niet in je hoofd zitten en proberen de zaken uit te vissen. Geef dat allemaal over en zoek de plek waar de liefde be-

gint, in je eigen hart. Het is jouw verantwoordelijkheid om wanneer dat nodig is opnieuw contact te leggen met de Bron van liefde. Dat kan niemand anders voor je doen.
Wanneer je aandacht geeft aan de vonk in je hart, groeit die uit tot een stevige vlam. Wanneer de vlam gevoed wordt door daden van liefdevolle genegenheid jegens jezelf en anderen, wordt het een laaiend vuur, een bron van licht en warmte voor iedereen die het op zijn pad vindt.

Rituelen ter gedachtenis

Ik vraag niet van je dat je een uur per dag bidt of mediteert, hoewel daar niets mis mee is. Ik vraag je simpelweg om van elk uur vijf minuten je Goddelijke Essentie voor ogen te houden, of in één van elke tien gedachten. Je mag negen gedachten hebben over dat je jezelf of een ander moet verbeteren, maar laat de tiende gedachte gaan over wat niet verbeterd hoeft te worden. Laat de tiende gedachte gaan over wat volkomen aanvaardbaar, volkomen beminnenswaardig is.
Het gaat hier om datgene waar de sabbat voor bedoeld was. Zes dagen mocht je opgaan in de dramatiek van werk en geploeter, maar de zevende dag moest je God gedenken. De zevende dag moest een rustdag zijn, een dag van inkeer.
Laat de wijsheid van de sabbat in je leven komen. Dan zal, wanneer je eet, God aan je tafel zitten. Wanneer je met je broeder spreekt, zul je eraan denken iets bemoedigends tegen hem te zeggen.
De sabbat is een ritueel ter gedachtenis. Wanneer je dat beseft, kun je het uiterlijke omhulsel wegdoen en een ritueel ontdekken dat je helpt gedenken.

De stilte van het hart

Alle antwoorden die je nodig hebt, kun je vinden in de stilte van je hart. Je hoeft je niet tot anderen te wenden voor oplossingen of adviezen. Wanneer er iemand naar je toe komt die zegt: 'Ik heb het antwoord', stuur hem dan beleefd weg. Zijn of haar antwoord is even slecht voor je als je eigen beoordeling van de situatie.
Geef toe: 'Ik weet niet wat de betekenis van deze situatie is.' En vertrouw erop dat de intelligentie die deze situatie in je leven heeft gebracht, wanneer de tijd daar is, ook zal onthullen wat de betekenis ervan is.
Je hoeft geen ingewikkelde meditatie- of yogamethoden te beoefenen. Houd simpelweg op met oordelen, interpreteren, conceptualiseren, speculeren. Laat alles wat niet 'zijn' is vallen, dan komt 'zijn' vanzelf tot bloei.
Dit is de indringendste oefening die ik je kan geven. Met deze eenvoudige oefening haal je alle barrières tussen jou en de waarheid naar beneden.

Een nuttige oefening

Je kunt in de loop van je dagelijks leven op elk moment en elke plek met spirituele oefeningen bezig zijn. Elke keer dat je merkt dat je in de war raakt, ongerust, bang of boos wordt, kun je je afvragen: 'Houd ik op dit moment van mezelf?' Die vraagt helpt je inzien dat onder alle angstige gedachten en gedragingen de weigering ligt om mild en lief te zijn voor jezelf.
Zelfs wanneer je woede of onlustgevoelens zich op een ander richten, ben je niet lief voor jezelf. Sterker nog: je kunt alleen maar boos op iemand worden doordat je vergeet van jezelf te houden.

De vraag: 'Houd ik op dit moment van mezelf', brengt je de enige verantwoordelijkheid in herinnering die je hebt in dit aardse bestaan: van jezelf houden en voor jezelf zorgen. Wanneer er liefde huist in je hart, stroomt ze vanzelf naar anderen. Dat is allesbehalve zelfzuchtig. Het is een manier van doen die je terugbrengt bij je hart, waar de liefde haar oorsprong heeft.

Wanneer je er niet aan toe bent te zegenen

Een andere oefening die je integriteit kan helpen versterken, behelst dat je je van woorden of daden onthoudt wanneer je er niet aan toe bent anderen te zegenen. Door te weigeren anderen de schuld te geven, doorbreek je de kringloop van verwijten en schaamte. Je koppelt hun ellende niet aan de jouwe, hun woede niet aan jouw woede en hun gevoel van waardeloosheid niet aan het jouwe.
Omdat je alleen iets zegt en doet wanneer je iemand kunt zegenen, blijf je vrij van de pijnlijke dramatiek van wederzijdse overtredingen en verraad. Je zorgt ten diepste voor jezelf en anderen. De golven der illusie rollen over je heen, maar jij houdt eenvoudig en onwrikbaar vast aan de waarheid die jij bent.

Illusies

Illusies ontstaan zodra je ophoudt van jezelf of iemand anders te houden. Je kunt illusies alleen laten verdwijnen door hier en nu, op dit ogenblik, lief te gaan hebben.

De mythe van het kwaad

Het nieuwe verbond

Het nieuwe verbond vraagt van je dat je het koninkrijk van God erkent in je eigen hart. Met andere woorden: je wijst het idee dat God los van je staat af. Je wijst het idee dat jij niet lief of beminnenswaardig bent, of dat je broeder of zuster niet beminnenswaardig is, af. Je wijst het idee dat het kwaad bestaat af als een idee dat uit angst geboren werd. Je wijst het idee dat Gods macht misbruikt kan worden af.

*

Je kunt je scheppende macht onmogelijk accepteren zonder je met God te verzoenen. Want alle macht komt van Haar. Jij deelt als gelijkwaardige partner in die macht, maar je kunt die macht nooit los van Haar uitoefenen.

Je kunt de macht van Gods liefde niet misbruiken. Je kunt hem – die macht – afwijzen, loochenen, verbergen. Maar elke vorm van afwijzing, loochening en geheim schuldgevoel heeft zijn grenzen. Je kunt de waarheid verdraaien maar nooit volledig uitvlakken of ontkennen. Er blijft altijd een klein lichtpuntje in de diepste duisternis. En dat licht zul je altijd vinden wanneer het verlangen daartoe opkomt.

Alles is God

Alles is God, inclusief datgene wat probeert zonder God te leven. Want wat zonder God probeert te leven is simpelweg een deel van God dat zichzelf niet accepteert. Het is God die doet alsof hij God niet is.

Mensen die 'kwaad' doen staan niet los van God, ook al voelen ze zich afgescheiden. Ze voelen zich onbemind en gedragen zich niet-beminnelijk. Maar God is niet opgehouden van hen te houden. God kan niet ophouden van wie dan ook te houden. Want God is liefde, altijd liefde, elk moment.
Elke zonde is slechts een tijdelijk moment van afscheiding. Het kan niet doorslaggevend zijn. Elk kind dat van Gods liefde afdwaalt zal terugkeren, want het is te pijnlijk om los te staan van de Bron van liefde. Wanneer de pijn te erg wordt, keert elk verwond kind terug. Er bestaan geen uitzonderingen.

Veertig dagen in de woestijn

Toen ik veertig dagen in de woestijn zat, werd ik geconfronteerd met elke uiting van angst die je je kunt voorstellen. Dat waren geen duivels buiten me die me kwamen verleiden. Het waren stemmen in mijn eigen denkgeest die me aan mezelf of anderen deden twijfelen.
Ook jij beleeft jouw periode in de woestijn als je je eigen twijfels en angsten onder ogen moet zien. Zo'n tijd van innerlijke beproevingen gaat meestal vooraf aan de aanvaarding van je levensdoel. Want als je niet door je eigen angsten heen kunt komen, wat moet je dan in hemelsnaam aan met de angsten van anderen wanneer ze die op je gaan projecteren?
Wanneer je zelf niet heel en sterk bent, hoe kun je dan een baken van liefde en licht voor anderen zijn? Ik spreek hier over een vorm van kracht en integratie die je niet te licht op moet vatten. Kun je je duivels tegemoet treden en hen leren liefhebben? Kun je liefhebben wanneer je angst de kop opsteekt?
Voordat je met je levenswerk begint, moeten deze vragen beantwoord zijn. Je moet de duisternis van je eigen psyche betreden

met het licht van bewustzijn. Elke angst die je gevoel van eigenwaarde ondermijnt, moet je onder ogen zien.

*

De wereld zal pas vrede kennen wanneer er vrede heerst in je eigen hart. En in je eigen hart kan geen vrede zijn zolang je buiten je vijanden of 'slechte' mensen ziet. Al het kwaad dat je in de wereld ziet, wijst op een niet vergevingsgezind plekje in je eigen hart dat om genezing smeekt.

*

Los van jouw oordelen bestaat er geen hel. Toch doe je alsof er een 'duivel' is die losstaat van jouw overtuigingen, of een 'kwaad' dat geen verband houdt met jouw oordelen. Dat is niet waar. Al het kwaad ontstaat door jouw oordeel en elke duivel ontstaat uit de projectie van jouw zonde- en schaamtegevoel.
Zorg dat je niet denkt dat het drama zich buiten je afspeelt, want dan verlies je de sleutel tot het koninkrijk. Wie zichzelf als slachtoffer ziet, wordt niet bekrachtigd. Wie zichzelf als zwak ziet, overwint de obstakels in zijn leven niet.
Het drama van zonde en schuld speelt zich louter af in jouw eigen denkgeest en dat is ook de plek waar je het moet aanpakken. Geloof het maar even: 'Ik ben beminnenswaardig; ik ben lief; ik ben aanvaardbaar; ik ben waardevol', en je slachtofferschap komt ten einde. Geloof: 'Ik kan van mijn broeder houden, hoe hij ook tegen me doet', en de onzichtbare banden van de projectie vallen weg.
Jij bent degene die de sleutel tot het koninkrijk in handen heeft. Wanneer jij geeft, toegewijd aan de liefde – een liefde die aan fouten voorbijziet en boven de oordelen uitstijgt – hoe kun je

dan minder dan dat terugkrijgen?
Dit is een cyclische wereld. Wat je uitzendt komt terug en vice versa. De zaken *lijken* alleen maar lineair te verlopen. Ze *lijken* alleen maar in tijd en ruimte te bestaan.

*

Wanneer jij de duivel in anderen blijft zoeken, zul je hem niet vinden. De duivel is jouw eigen engelachtigheid in bezoedelde vorm. Het is al wat je vergeet, al het geweld dat je jezelf aandoet. Het is de verwonde, de gekruisigde, de engel die uit de hemel omlaag viel in de modder, in de meedogenloze zuigkracht van de stoffelijke incarnatie.

De antichrist

De antichrist is de personificatie van het collectieve ego. Hij zoekt verlossing en vrede door macht over anderen uit te oefenen. Zijn pogingen de verzoening af te dwingen lukken nooit, omdat wat leeft door het zwaard ook sterft door het zwaard. Verkeerde middelen leiden altijd tot een verkeerde afloop.
Zelfs de antichrist is echter niet slecht. Hij hongert en dorst slechts naar liefde. Omdat hij naar liefde hongert, probeert hij haar te kopen, op te eisen, in de hand te krijgen. Daarmee duwt hij de liefde verder van zich af. Hoe meer de liefde hem misleidt, des te gemener hij wordt.
Zo'n recalcitrante persoon leeft in ieder van jullie. Hij bestaat simpelweg uit het ego-denken: het bange, ongelukkige en boze kind in je, het kind dat zich oneerlijk behandeld voelt en anderen voortdurend manipuleert in zijn zucht naar liefde.
Hij is alleen maar zo geweldig groot omdat jij hem beoordeelt en

weerstand biedt. Duw hem niet meer van je af. Neem dat onheus behandelde kind in je armen en wieg hem. Houd hem vast; spreek hem zachtjes toe. Houd van hem zoals je van je eigen dierbare kind zou houden.
Als je het gekwetste kind in je binnenste omarmd hebt, onthult zich zijn engelachtigheid. Lucifer (zijn naam betekent 'lichtdrager') is een gevallen engel, uiteindelijk. Door jouw liefde wordt zijn val gebroken en ontdekt hij zijn vleugels. Door zijn verlossing ben je van de jouwe verzekerd.

*

God komt niet uit de hemelen omlaag om jou te bevrijden van een wereld van eigen makelij. Waarom zou hij jou weghalen van de plek die je zelf verkozen hebt?
God komt tot je doordat je een accepterend gebaar maakt jegens je ego-denken met al zijn beangstigende ingebeelde ideeën. Hij komt tot je door je liefde en mededogen voor de gekrenkte mens in jou en om je heen. Hij komt tot je wanneer je je bukt om de donkere vleugels in de armen te sluiten die rondzweven voor de deur van je angst.
Die vleugels zullen je geen pijn doen. Ze zullen je niet van je onschuld beroven, hoe onheus je ook behandeld mocht zijn of gehandeld kunt hebben. Kijk door de duistere vermomming heen en nestel je in de warmte van die vleugels. Er is daar een deur die je recht naar je hart brengt.
Je kunt niet bij God komen wanneer je niet door de 'donkere nacht van de ziel' gaat. Al je angst en schaamte moet worden opgewekt. Al je gevoelens van afgescheidenheid moeten omhoogkomen om genezen te kunnen worden. Hoe kun je nu verrijzen uit de as van je ellende zonder de ellende toe te geven?
Als je doet alsof er geen sprake is van een kwetsuur, kun je nog

niet met je spirituele ontwikkeling beginnen. Ontken niet dat het pijn doet. Laat je pijn tot je doordringen. Het is niet wat het lijkt. Wanneer je de moed hebt de muur van je angst te benaderen, verandert die in een poort. Ga die poort door. Ik wacht je op aan de andere kant.

De dromer ontwaakt

Jij bent degene die de duisternis droomt en het licht brengt. Jij bent de verleider en de verlosser in één. Dat ga je beseffen, als je het nog niet beseft.

De heerschappij van Christus

Christus geeft anderen niet de schuld. Hij vecht niet terug. Hij verzet zich niet tegen het kwaad.
De grootste macht in het universum lijkt zo makkelijk overmeesterd, gekruisigd en vergeten te kunnen worden. Maar dat is niet zo. Eenieder die de Christus aanvalt moet terugkomen om hem te dienen.
Dat is de wet van karma. Jouw relatie met ieder ander mens is uiteindelijk een afspiegeling van de houding die je aanneemt jegens jezelf.

Onze wonden genezen

Pijn brengt bewustzijn met zich mee

Pijn is een boodschapper. Hij brengt bewustzijn met zich mee. Hij laat je weten waar en in hoeverre je jezelf voor de gek hebt gehouden of in de steek hebt gelaten. Dat is belangrijk. Zolang je je niet bewust bent van het geweld dat je jezelf aandoet, kan je genezingsproces niet beginnen.
Pijn is geen straf. Het is een oproep je iets gewaar te worden, je verborgen verdriet tot je bewustzijn door te laten dringen.

*

Het is niet makkelijk om je pijn – en de roep om liefde die erachter zit – toe te geven. Maar zo kun je genezen. Je wordt je bewust van de duistere, gedepriveerde aspecten van jezelf en brengt die onder je bewuste aandacht. Je bevrijdt ze. Je brengt je duisternis aan het licht.
De meesten onder jullie projecteren datgene waar ze bang voor zijn of wat ze niet prettig vinden aan zichzelf op anderen. Als je bang bent voor je kracht, projecteer je die op een machtige en charismatische figuur en probeer je via zo iemand te leven. Wanneer die persoon jou bedriegt of uitbuit, vergeet je dat jijzelf degene was die je macht aan hem of haar uit handen gaf.
Je 'jezelf weer helemaal toe-eigenen' wil zeggen dat je de stukken in jou waar je bang voor bent of je voor schaamt, onder ogen gaat zien. Andere mensen die die eigenschappen belichamen helpen je louter om ze in jezelf te ontdekken. Daarom zijn relaties ook zo'n belangrijk hulpmiddel voor je innerlijke integratie.

*

Anderen de schuld geven weerhoudt jou ervan te genezen. Als je wilt genezen, neem dan de verantwoordelijkheid voor je gedrag op je en zie de onheuse patronen waarin je verwikkeld bent. Zie in dat gebrek aan zelfwaardering grensoverschrijdend gedrag oproept, en leer jezelf waarderen en aardig vinden.

Vergeet niet dat elke onheuse relatie je de kans biedt om 'nee' te zeggen tegen iets waarmee jij niet erkend wordt. 'Nee' zeggen tegen een ander impliceert uiteraard dat je vroeger geneigd was 'ja' te zeggen.

Je schept zelf de voorwaarden voor het onheuse gedrag door voorwaardelijke liefde te accepteren. Je zegt 'ja' tegen zelfdegradatie in ruil voor de zekerheid en de goedkeurig waaraan je behoefte hebt. Je zegt 'ja' tegen de angst, door handjeklap te spelen met liefde als inzet.

Inmiddels weet je dat dat niet werkt. Je kunt niet loven en bieden waar het liefde betreft.

Je weet het wanneer je liefde krijgt zonder voorwaarden. Ze vraagt niet meer van je dan je geven kunt. Ze manipuleert of eist niets. Ze accepteert je zoals je bent en zegent je.

Als je niet weet hoe je die zegen voor jezelf moet creëren, hoe kun je die dan van een ander ontvangen? Oefen je erin. Oefen je erin jezelf te accepteren precies zoals je bent. Dan weet je wat liefde is en herken je haar wanneer ze in je leven komt.

Wanneer je voorwaardelijk van jezelf houdt, trek je anderen aan die hetzelfde doen. Je kunt niet van anderen krijgen wat je jezelf niet wilt of kunt geven.

*

Als je weet wat je wilt, vraag er dan alsjeblieft om. Wanneer iemand zegt: 'Het spijt me, dat kan ik je niet geven', zeg dan: 'Geeft niets. Het komt wel als de tijd daar is.' Blijf je concentre-

ren op wat je wilt, ongeacht wat mensen je aanbieden. Wijs alle voorwaarden waaronder je liefde en aandacht wordt geboden van de hand. Houd vast aan de waarheid van je hart en aanvaard niets minder dan wat je jezelf beloofd hebt.
En het komt, op den duur, omdat je trouw gebleven bent aan jezelf. Omdat je de roep in je eigen hart beantwoord hebt, staat de Geliefde ineens onaangekondigd voor de deur. Dat komt niet door een magische toverspreuk, maar is de vrucht van het toegewijd aannemen van een spirituele levenshouding.

*

In de ogen van de Geest zijn alle mensen volkomen gelijk. De rijke is niet gelukkiger dan de arme. In zijn hart leeft hetzelfde geploeter, dezelfde pijn. De welvarende arts die een zoon verloor aan aids heeft hetzelfde verdriet als de bijstandsmoeder die haar dochter kwijtraakt.
Pijn is de grote gelijkmaker. Hij brengt je op de knieën. Hij maakt je deemoediger en gevoeliger voor de noden van anderen. Hij ondermijnt elke vorm van hiërarchie.
Wanneer je diep in aanraking gekomen bent met je eigen pijn, besef je dat. Je voelt mededogen wanneer je anderen ziet die pijn hebben. Je hoeft hen niet van je af te duwen en evenmin te proberen het voor hen in orde te maken. Je sluit hen alleen maar diep in je hart. Je geeft hun een knuffel en een paar bemoedigende woorden. Je weet wat ze doormaken.
De wereld bouwt mensen op en haalt mensen naar beneden. Niets is permanent in de wereld. Roem en smaad, armoede en rijkdom, geluk en wanhoop gaan hand in hand. Je kunt het een niet ervaren zonder ook het andere te ervaren.
Wanneer je nog geen contact gemaakt hebt met je eigen pijn, ben je louter het onvermijdelijke voor je uit aan schuiven. Het

is slechts een kwestie van tijd voordat je tegenover jezelf, en anders wel tegenover anderen, moet toegeven dat je vuile was *hebt*: je oordelen, je angsten, je afhankelijkheid, je zelfvernietigende gedachten.

Voor veel mensen is het makkelijker om anderen het masker van papier-maché te laten zien dan het verwrongen gezicht erachter. Ze zijn trots op de spiritueel ingestelde volwassene, maar schamen zich voor het gekwetste kind.

Wie echter de moed heeft zijn of haar pijn onder ogen te zien, trekt het masker weg. Hij geeft zichzelf toestemming authentiek te zijn en te groeien. Door zijn bereidheid emotioneel tot zich door te laten dringen wat hij voelt, gaat er een heilige doorgang open. Een gesloten hart begint te pulseren, het lichaam begint te ademen en geblokkeerde energieën wordt toegestaan vrij te stromen. Dat is de eerste stap van het genezingsproces.

Daarna volgen anderen stappen, want genezing betekent beweging. Het betekent niet dat je verliefd wordt op de pijn, je eraan vasthoudt of er je identiteit omheen bouwt. Het is geen stilstaande trein, maar een rijdende. Als je er eenmaal in zit, brengt hij je naar je bestemming.

Pijn is de grote gelijkmaker. Hij stelt je in staat om eerlijk en authentiek te zijn. Hij zet je ertoe aan onvoorwaardelijke liefde en steun van anderen te vragen en hetzelfde ook terug te willen geven. Hij brengt je in contact met een heilzame gemeenschap van mensen bij wie de cocon van de verdringing aan het scheuren is.

*

Hechten aan pijn is al even problematisch als de pijn verdringen. Toch merken sommige mensen dat hun pijn hun veel aandacht oplevert. Ze baseren hun hele identiteit op hun slachtofferschap.

Een authentiek mens is echter geen verhalenverteller. Hij heeft

de biecht niet tot kunst verheven. Hij hoeft niet in het middelpunt van de belangstelling te staan om zich lekker te voelen.
Een authentiek mens vertelt zijn verhaal omdat het vertellen genezend werkt. Hij krijgt, terwijl hij het vertelt, een dieper inzicht in wat er gebeurd is en gaat het meer accepteren. Terwijl hij zijn verhaal vertelt, geneest hij en genezen anderen met hem.
Zodra hij zijn ervaring geïntegreerd heeft, hoeft hij zijn verhaal niet meer te vertellen. Als hij het per se toch wil vertellen, wordt het een kruk waarop hij leunt, ook al zijn zijn benen genezen. Hij wordt dan eerder entertainer dan getuige en zijn verhaal – eerder gepolijst dan vanuit het hart – kan mensen niet langer bemoedigen.
De acceptatie van de pijn brengt een verschuiving met zich mee, weg van het on-gemak (dis-ease, ziekte); je raakt meer op je gemak. Dat stelt je in staat de volgende stap van je ontwikkelingsweg te zetten. Als je authentiek over je pijn vertelt, geeft dat jezelf en anderen kracht. Jij komt verder. Zij komen verder. Je hebt geen behoefte meer aan een leven vol pijn.
Hoewel pijn en lijden universele verschijnselen zijn, zijn ze ook tijdelijk. Iedereen komt er in zijn leven ooit mee in aanraking. Het zijn echter geen constante metgezellen. Het zijn boodschappers.
Het is het summum van domheid om te beweren dat er in je leven geen boodschappers zijn terwijl er een bij je aan de voordeur staat. Je moet die deur opendoen en luisteren naar wat hij te zeggen heeft. Maar als je de boodschap gehoord hebt, kan de boodschapper vertrekken. Zijn taak zit erop.

*

Als leed een statussymbool wordt, wordt er een samenleving van ongenezen genezers geboren. Wanneer het 'chic' wordt om slachtoffer te zijn van een jeugdtrauma of seksueel misbruik, wordt het voor therapeuten wel erg makkelijk hun cliënten woorden in de mond te leggen. Dan worden herinneringen aan gebeurtenissen die nooit hebben plaatsgevonden als een kostbaarheid gekoesterd op het altaar. Incidenten die ontstonden uit een lichte vorm van onachtzaamheid of zorgeloosheid worden overdreven en afschilderd met het palet van de schuld. Iedereen denkt dat het allerergste gebeurd moet zijn. Dat is hysterie, geen genezing. Het is een nieuwe vorm van misbruik.

In plaats van te onderzoeken wat er gebeurd is en het gekwetste innerlijke kind aan het woord te laten, krijgt de verwonding een professioneel label opgeplakt. In plaats van het slachtoffer aan te moedigen zijn eigen stem te laten horen en contact te maken met zijn beleving, wordt zijn stem opnieuw gesmoord. Hij krijgt andermans mening over wat hem overkomen is, en om goedkeuring te verwerven vertelt hij het verhaal dat de autoriteit – de therapeut – van hem wil horen.

De therapeut projecteert haar eigen ongenezen kwetsuren op haar cliënt. Door menige Amerikaanse rechtbank wordt haar subjectiviteit voor objectiviteit aangezien. Gezinnen vallen uit elkaar. Er worden nog meer kinderen gestraft. De keten van onheus gedrag zet zich voort.

Het is slopend om aan pijn en verdriet te hechten. Het is waanzin om verdriet te overdrijven, op te smukken of uit de duim te zuigen.

Net zoals de organische spiritualiteit van de kerk ondermijnd werd doordat er een priesterklasse van gezagsdragers in het leven werd geroepen, ondermijnt de nieuwe klasse van therapeuten/genezers die zich als autoriteit opwerpen het individuele vermogen

gebruik te maken van de genezende kracht die het geboorterecht is van ieder mens.
Je kunt iemand niet genezen, net zomin als je ervoor kunt zorgen dat iemand zich ethisch gedraagt. Genezing vindt plaats op basis van vrijwilligheid. Ze vindt plaats als mensen eraantoe zijn. Veel mensen die in therapie zijn, zijn niet van plan te genezen. Veel mensen die therapeutisch advies geven, zijn hun eigen genezing niet toegedaan. Voor die mensen, zowel voor de therapeuten als de cliënten, is therapie een vorm van verdringing.
Het is evenzeer belangrijk om de wond uit zichzelf te laten genezen als om haar te verzorgen. Je vergeet soms dat de spirituele essentie van de betrokkene de genezing bewerkstelligt, niet de therapeut of genezer.
De drang tot genezen is even gevaarlijk als de drang tot verwonden. Sterker nog: het zijn verschillende zijden van dezelfde munt.
Een echte genezeres respecteert de innerlijke genezende vermogens van haar cliënt. Ze helpt haar cliënt de verbanden leggen die gelegd kunnen worden. Ze pleit voor integratie, mildheid, geduld. Daardoor worden haar cliënten sterker. Ze genezen en gaan verder met hun leven.
Wanneer je als therapeut werkzaam bent, stimuleer je cliënten dan de uitersten – hun pijn ontkennen of overdrijven – uit de weg te gaan. Je moet je pijn onder ogen zien, niet inbeelden. Als er pijn is, zal hij zich authentiek uiten. Hij spreekt met zijn eigen stem. Jouw taak is dat je de stem uitnodigt zijn zegje te doen, niet dat je hem de woorden in de mond legt.

*

De eerste stap bij het genezen van een trauma is dat je uitzoekt wat je is overkomen. Je moet geheimen durven ontdekken en onthullen.
Ontken niet wat er gebeurd is. Verzin het niet. Erken gewoon wat er gebeurd is en laat het tot je doordringen. Daarmee zet je de verschuiving in gang, van waarheid naar onwaarheid, van geheimen naar onthulling, van een verborgen gevoel van onbehagen naar een bewust weet hebben van pijn en verdriet.
Pijn is een deur waar je door kunt zodra je eraantoe bent. Tot het zover is ben jij de deurwachter, de schildwacht die op wacht staat en beslist wie er naar binnen mag en wie wordt buitengesloten.
Het is oké als je nog niet zover bent. Het is oké om mensen of situaties die je geen gevoel van veiligheid geven buiten te sluiten. Jij bent de baas over je eigen genezingsproces. Jij besluit hoe snel je gaat. Laat je door niemand anders – je therapeut incluis – het tempo van je genezingsproces voorschrijven. Dat moet je zelf aangeven.
Er zullen altijd anderen zijn die suggesties, ideeën en plannen voor je hebben. Dank hen voor hun goede zorgen, maar wees er duidelijk over dat jij, niet zij, de belissingen neemt in jouw leven.

*

Aanvaard niet dat anderen gezag over jou uitoefenen en aanvaard ook geen gezag over anderen. Eis je vrijheid op en geef anderen de vrijheid.
Streef niet naar goedkeuring door anderen en geef die ook niet als anderen jou daarom vragen. Houd op met dat goedkeuringsgedoe.
We hebben hier maar met één mens te maken die liefde moet ge-

ven en krijgen en dat ben jij. Geef liefde aan jezelf en sluit anderen daarbij in. Als ze er niet in opgenomen willen worden, laat hen dan gaan. Je hebt heus geen behoefte aan nog een omweg, nog een zinloze tocht.

Wees standvastig in je liefde voor jezelf. Laat dat je eerste prioriteit zijn. Dan zul je anderen naar je toe halen die met alle plezier zichzelf zijn. Ze komen je geen eisen stellen of het roer van je leven overnemen.

Als iemand je een aanbod doet dat je denkt niet te kunnen weigeren, leer het dan te weigeren. Houd jezelf niet voor de gek, hoe hoog de prijs ook is.

De verleider biedt je altijd buitengewone geschenken aan. Laat je geen rad voor ogen draaien. Hij lijkt over bovennatuurlijke gaven te beschikken, maar die zijn niet echt. Hij is slechts je broeder die van koers raakt en probeert jou in zijn drama van zelfmisbruik te betrekken.

Zeg geen 'ja' tegen onheus gedrag. Onthoud dat je al heel bent. Het ontbreekt je aan niets. Ontspan je en haal adem. Ook dit gaat voorbij.

Maar de verleider roept: 'Nee! Het is niet in orde! Je bent eenzaam. Je moet gezelschap hebben! Je moet een betere baan. Je moet een betere relatie. Je moet meer geld, meer seks, meer status; en dat alles krijg je van mij.'

Die toon heb je al eens eerder gehoord, dat is zeker! Altijd als je je een beetje down voelt verschijnt er wel een sprookjesprins of hulpeloze jonkvrouw. Wat ben je daar in het verleden mee opgeschoten? Hoeveel prinsen en schone jonkvrouwen zijn er al op hun paard vandoor gesneld in een spoor van bloed en tranen?

Toch lijkt deze beter dan de vorige. Zij/hij is oprechter, attenter, aardser, vul zelf maar in ... Het is jouw toneelstuk, niet het mijne.

Als je goed genoeg kijkt, zul je zien dat het allemaal hetzelfde liedje is. Elke uitnodiging tot zelfbedrog heeft dezelfde suikerzoete beloften aan de buitenkant en dezelfde hartverscheurende kern.
Wie de verlossing in een ander zoekt, verliest het contact met zichzelf. Zo iemand stort zich als Don Quichotte in een fantastische tocht op het horizontale vlak. Hij vindt altijd wel weer jonkvrouwen die gered moeten worden en windmolens om tegen te vechten.
Maar uiteindelijk komt hij moe weer thuis, gewond en gedesillusioneerd. Iedereen die hem onderneemt gaat onderuit bij die tocht op het horizontale vlak. Er valt in de wereld geen verlossing te vinden.
Je vindt de verlossing thuis, in je eigen hart. Dáár leer je liefde te geven aan de ondergeschoven, afgewezen delen van jezelf. Dáár ontdek je je heelheid en raak je geworteld in de eeuwigdurende zegen van Gods overvloed en barmhartigheid.

*

Het Ik is onaantastbaar en onbetwistbaar. Je kunt er geen gat in slaan. Je kunt alleen *doen alsof* je kwetst of gekwetst wordt. Je kunt niet afgescheiden worden van de Bron van liefde, omdat je de vleesgeworden liefde bent. Je bent een stralend wezen dat de droom van misbruik droomt. Je bent een engel die doorgaat voor verwonde.
Net doen of je een engel bent terwijl je je een onheus behandeld kind voelt, draagt niet bij aan je bewustwording. Maar hetzelfde geldt voor vasthouden aan de kwetsuren.
Een wond die met liefde benaderd wordt, geneest. De genezing kan onmiddellijk plaatsvinden of een leven lang duren, maar er komt een einde aan het slachtofferschap en de genezing vindt

wel degelijk plaats. Het drama van het lijden komt ten einde. Bewustwording – ontwaken – is geen hartverscheurend proces, maar een behoedzaam opgeven van verwijten en schaamte. Het is niet zo dat de liefde ervoor zorgt dat het 'kwaad' verdwijnt, maar dat alles wat je als 'kwaad' ziet oplost in de tegenwoordigheid van de liefde. Uiteindelijk is het alsof er nooit een krenking heeft plaatsgevonden. Je kunt er hoogstens nog van zeggen dat het een droom over misbruik was, een droom waaruit je luisterrijk bent ontwaakt.

Liefhebben zonder voorwaarden

Voorwaardelijke liefde

Wat voorwaardelijke liefde is heb je geleerd van mensen wier liefde voor jou was aangetast door hun eigen schuldgevoelens en angsten. Zij waren jouw rolmodellen. Daar hoef je je niet voor te schamen. Je hoeft je alleen maar van dat gegeven bewust te zijn.
Vanaf je prille jeugd ben je erop geconditioneerd jezelf alleen maar waarde toe te kennen wanneer men positief op je reageerde. Je hebt geleerd dat je gevoel van eigenwaarde van buitenaf bepaald werd. Dat was de fundamentele fout, die zich je hele leven lang heeft herhaald. Voor je ouders gold hetzelfde.
Tijdens het genezingsproces leer je jezelf te waarderen zoals je bent, hier en nu, zonder voorwaarden. Op die manier word je 'herboren' of 'heropgevoed', niet door andere autoriteiten, maar door de Bron van liefde in je eigen binnenste.
Dat kan niemand anders voor je doen. Men kan je bijstaan en aanmoedigen, maar niemand kan je leren van jezelf te houden. Dat is de taak van ieder mens op zich.

*

Het voelen van onvoorwaardelijke liefde begint in je eigen hart, niet in dat van een ander. Leg aan de mate waarin je jezelf lief kunt hebben niet de voorwaarde op dat een ander je moet kunnen liefhebben. Je pogingen de liefde buiten jezelf te zoeken mislukken altijd, omdat je niet van een ander kunt krijgen wat je jezelf niet gegeven hebt.

*

Je hebt het grootste deel van je leven de ideeën en meningen van anderen aanvaard als zijnde de waarheid over jou. Toch is wat je moeder, vader, leraar, dominee over jou zei slechts hun mening. Helaas internaliseer jij de feedback die je van anderen krijgt en ontwikkel je op basis daarvan je zelfbeeld. Met andere woorden: jouw mening over jezelf is niet gebaseerd op wat jij over jezelf weet en ontdekt, maar op wat anderen je voorhouden.
Waar is dan, als je jouw mening en die van de ander vergelijkt, de 'echte jij'? De echte jij is de onbekende factor, de essentie die stevig verpakt is in de oordelen en interpretaties over jezelf en je bestaan die jij voor waar hebt aangenomen.
Dat geldt voor iedereen, niet alleen voor jou. Mensen verhouden zich niet als authentieke, zelfverwerkelijkte wezens tot elkaar, maar als personae, maskers, rollen, identiteiten. Vaak dragen mensen meer dan één masker, afhankelijk van degene die bij hen is en wat er van hen verwacht wordt.
Het ware Ik wordt tussen al die vermommingen vergeten en gaat verloren. En zo wordt niet bewust erkend wat een enorm geschenk de uit dat Ik voortkomende authenticiteit is.

Het Ik versus de persona

Het ware Ik – of het ware Zelf – is niet gebonden aan de beperkingen, oordelen en interpretaties waar de persona mee leeft. Sterker nog: men zou kunnen beweren dat het Ik en de persona in verschillende werelden leven. De wereld van het Ik straalt en is zelfvervullend. De wereld van de persona is donker en zelfondermijnend. Terwijl het Ik het licht in zichzelf vindt en dat naar anderen uitstraalt, vindt de persona niets dan duisternis in zichzelf en zoekt dat licht bij anderen.
Het Ik zegt: 'Ik ben.' De persona zegt: 'Ik ben dit', of: 'Ik ben

dat.' Het Ik leeft en uit zich onvoorwaardelijk. De persona leeft en uit zich voorwaardelijk. Het Ik wordt gemotiveerd door liefde en zegt: 'Ik kan.' De persona leeft in angst en zegt: 'Ik kan niet.' De persona klaagt, verontschuldigt zich en komt met uitvluchten. Het Ik accepteert, integreert en geeft wat hij te geven heeft.

Jij bent je Ik, je Zelf, maar gelooft van jezelf dat je je persona bent.

Zolang je optreedt als persona, maak je dingen mee die jouw overtuigen aangaande jezelf en anderen bevestigen. Wanneer je beseft dat alle personae slechts maskers zijn die jij en anderen hebben afgesproken te zullen dragen, leer je daardoorheen kijken.

Zodra dat gebeurt, vang je een glimp op van het stralende Ik in je en buiten je. Dan zie je een stralend wezen, de liefde in hoge mate waard en uitstekend in staat tot liefhebben, dynamisch creatief, vrijgevig en zelfvervullend. Dat is je diepste aard. En het is de aard van iedereen in jouw ervaringswereld.

Wanneer je accepteert wie je werkelijk bent, houden je meningsverschillen met anderen op. Want je bindt niet langer de strijd aan met hun persona. Je ziet het licht achter het masker. Jouw licht en hun licht zijn het enige dat ertoe doet.

Wanneer je contact maakt met de waarheid aangaande jezelf, ga je inzien dat een groot gedeelte van wat je ten aanzien van jezelf voor waar hebt aangenomen, onjuist is. Jij bent niet beter of slechter dan anderen. Je bent niet dom, of briljant, of mooi, of lelijk. Dat zijn slechts oordelen die iemand heeft uitgesproken, oordelen die jij aanvaard hebt. Ze zijn geen van alle waar.

Wanneer jij de waarheid aangaande jezelf kent, weet je dat je niet je lichaam bent, hoewel je het wel moet accepteren en verzorgen. Je bent niet je gedachten en gevoelens, hoewel je je er wel van bewust moet zijn en moet snappen in hoeverre ze het drama van jouw leven creëren. Je bent niet de rollen die je speelt – echtgenoot of echtgenote, moeder of vader, zoon of dochter, werknemer of werkgever, secretaresse of loodgieter – hoewel je wel vrede moet hebben met de rol die je verkiest te spelen. Je bent niet iets van buitenaf. Je bent niet iets dat kan worden bepaald of omschreven door iets of iemand anders.

Het doel van je aardse bestaan is dat je je Zelf of Ik ontdekt en je persona achter je laat. Je bent hier om te ontdekken dat de Bron van liefde in je eigen bewustzijn gelegen is.

Je hoeft de liefde niet buiten jezelf te zoeken. Sterker nog: juist het feit dat je die in de wereld zoekt, weerhoudt je ervan haar in jezelf te herkennen.

Je kunt het licht in anderen pas zien wanneer je het in jezelf ziet. Wanneer je het eenmaal in jezelf ziet, bestaat er geen mens meer in wie je het licht niet ziet. Het maakt niet uit of zij het zien of niet. Jij weet dat het er is. En wanneer je met hen praat, richt je je tot dát Licht.

De wereld van de persona is een chaotische en reactieve wereld. Hij wordt gevoed door angst en oordeel. Hij is alleen maar echt doordat jij en anderen erin geloven en je laat vastleggen door de condities die je er aantreft. Maar die condities zijn niet de ultieme realiteit. Het is simpelweg een collectief drama van eigen makelij. Ja zeker, het drama kent zijn eigen regels, kostuums, onderlinge relaties en scenario. Maar dat maakt allemaal niets meer uit wanneer jij je kostuum uitdoet en van het toneel af stapt.

Begrijp me goed: het toneelstuk gaat verder. Het is niet alleen van jou afhankelijk. Maar wanneer jij beseft dat het slechts een toneelstuk is, kun je kiezen of je er al dan niet aan meedoet. Als je eraan meedoet, houd je voor ogen wie je bent, heb je inzicht in de rol die je speelt zonder eraan te hechten.

Het lijden komt ten einde wanneer je gehechtheid aan elke vorm van conditie zich oplost. Dan rust je in het Zelf – het Ik – de belichaming van de liefde, de Bron der schepping zelve.

Alleenzijn

Alleenzijn is noodzakelijk voor je emotionele gezondheid, of je nu alleen woont of met iemand samenwoont. Alleenzijn geeft je de tijd en de ruimte om wat je beleeft te integreren.
Het heeft geen zin om veel te beleven wanneer je niet de tijd neemt om er iets van te leren. Als je van de ene activiteit naar de andere springt, of van relatie naar relatie, is dat een zware aanslag op je emotionele wezen. De tijd die je uittrekt voor het integreren van je belevenissen is even belangrijk als de tijd die je uittrekt voor de ervaring zelf.
Elke ademhaling kent drie bewegingen: een inademing, een pauze, en een uitademing. De inademing staat voor het tot je nemen van een ervaring. De pauze dient voor de assimilatie. En de uitademing is het loslaten van de ervaring. Hoewel de pauze maar een seconde of twee duurt, is zij van wezenlijk belang voor een geïntegreerde ademhaling.
Alleenzijn geeft je de kans te pauzeren. De kwaliteit van je leven hangt ervan af. Je levenslust en enthousiasme komen eruit voort.
Als je dat onderdeel overslaat, wordt je leven een leeg omhulsel. Dan kan er veel in komen en uit gaan, maar niets beklijft. Dan wordt het beleefde niet opgenomen en groei je niet in bewustzijn.

De bron

Je zoekt liefde bij andere mensen omdat je niet beseft dat de liefde alleen uit je eigen bewustzijn kan komen. Ze heeft niets met iemand anders te maken. Liefde komt voort uit je eigen bereidheid liefdevolle gedachten te denken, liefdevolle gevoelens te voelen en vol vertrouwen door liefde geïnspireerde dingen te doen. Als je daartoe bereid bent, zal je beker overstromen. Dan beschik je voortdurend over de liefde die je nodig hebt, en vind je het heerlijk die aan anderen te geven.
De Bron van liefde bevindt zich in je eigen hart. Verwacht niet van anderen dat ze je de liefde zullen verschaffen die jij nodig hebt. Verwijt anderen niet dat ze jou hun liefde onthouden. Je hebt hun liefde niet nodig. Je hebt jouw liefde nodig. Liefde is het enige geschenk dat je jezelf kunt geven. Geef je haar aan jezelf, dan reageert het universum met een enorm: ‘Ja!’ Onthoud haar jezelf en het verstoppertje spelen gaat door: je blijft de liefde overal zoeken waar ze niet te vinden is.
Er is slechts één plek waar je liefde kunt zoeken én vinden. Nog nooit is iemand die daar zocht teleurgesteld geworden.

*

Zolang je het Ik ontkent door haar bij een ander te zoeken, krijg je te maken met grensoverschrijdingen en misbruik.
Als je liefde wilt, geef dan liefde aan die stukken in jezelf die zich onbemind voelen. Als je licht wilt, stuur dan licht naar de donkere stukken van je denkgeest. Stuur licht naar de angst en de schaamte, naar het verdriet, naar het vermeende gebrek aan zin en hoop.
Dat licht huist in jou. Het staat niet los van de duisternis. Het is een eigenschap van de duisternis zelf. Als het niet zwarter kan

dan zwart, vind je de verlichting. Het zwartste zwart gaat stralen. Verdriet slaat om in ongekende vreugde. Wanhoop verandert in onmetelijke hoop.
In de ene pool, vind je de andere.

*

De enige uitweg uit een relatie waarin sprake is van mede-afhankelijkheid, is vriendschap sluiten met je Ik en dus je Zelf erkennen. Vervolgens kun je een relatie aangaan op basis van die innerlijke coherentie. Dat is het nieuwe paradigma voor relaties.
In het oude paradigma voor relaties wordt iemands toewijding aan zichzelf tenietgedaan door de toewijding aan de ander. Door het streven het de ander naar de zin te maken, laat men zichzelf in de steek. Aangezien iemand die in de steek gelaten is geen liefde kan geven, roept dit een vicieuze cirkel in het leven van aantrekken en afwijzen. Eerst sluit je jezelf buiten, en vervolgens sluit je de ander buiten.
Elke authentieke relatie moet gegrondvest zijn op iemands acceptatie van en liefde voor zichzelf. Dat is het belangrijkste spirituele gebaar, het gebaar dat de deur openzet naar het vermogen tot intimiteit.

Ware en valse profeten

Liefde neemt niemand in gijzeling

Iemand die liefheeft zonder voorwaarden, stelt geen grenzen aan zijn vrijheid of die van anderen. Hij probeert de liefde niet te behouden, want proberen haar te behouden betekent haar verliezen.

Liefde is een geschenk dat je voortdurend moet geven, op het moment dat erom gevraagd wordt. Ze neemt niemand in gijzeling, speelt geen handjeklap en kan niet door angst worden aangetast.

Anderen niet verbeteren

Als je aardig tegen anderen wilt zijn, moet je hen accepteren zoals ze zijn en ophouden met je pogingen hun leven te beoordelen, interpreteren of veranderen. Als je anderen probeert te verbeteren of advies geeft, bega je een overtreding jegens hen.

Wanneer je erop vertrouwt dat anderen hun eigen antwoorden en oplossingen wel zullen vinden, behandel je hen als je spirituele gelijken. Je geeft hun respect en vrijheid. Je vertrouwt erop dat de waarheid in hen hun pad zal verlichten. Dat is liefde in actie. Dat is de vorm van onvoorwaardelijke liefde die ik jullie vraag elkaar te geven.

*

Stel geen regels op voor andere mensen. Daarmee verleg je de aandacht alleen maar, weg van je eigen leven. Laat anderen hun eigen weg maar vinden. Steun hen. Stimuleer hen. Moedig hen aan. Maar denk niet dat je weet wat goed voor hen is. Dat weet

je niet, en je zult het nooit weten ook.
Blijf bij je eigen leven. Blijf bij je eigen hart. Alles wat je nodig hebt om je bestemming te vervullen, is in je binnenste te vinden. Luister naar je innerlijke stem, neem die serieus, handel ernaar, wees die toegedaan, dan zal alles zich ontvouwen. Wanneer je verbonden bent met je eigen goddelijke aard, gaan de deuren waar je doorheen moet voor je open.

*

Ieder die naar het aardse vlak komt heeft iets op zijn of haar bordje liggen. Iedereen heeft op zijn minst een hapje of wat te verteren. (Sommigen hebben zelfs een zeven-gangen-maaltijd! Maar ik ga niemand aanwijzen!)
Het is jouw verantwoordelijkheid om – zo opgewekt als je maar kunt – datgene wat op jouw bordje ligt aan te pakken. Ga je niet bemoeien met het leven van anderen, want dan krijg je nog een tweede of derde portie weg te werken.
Blijf losstaan van wat iemand anders doet of niet doet. Je hoeft er zelfs geen mening over te hebben. Laat het er maar gewoon zijn.
Ontleen je gevoelens niet aan anderen. Probeer jouw gevoelens niet op een ander over te dragen.
Slaap in je eigen bed. Maak je eigen eten klaar. Ruim de boel achter je op. Oefen je in de zorg voor jezelf en laat anderen hetzelfde doen.
Dat is je taak. Je bent hier niet om voor anderen te doen wat zij voor zichzelf moeten doen.

*

Voor sommigen onder jullie is het een openbaring dat je hier niet bent om anderen van hun ellende te verlossen, maar louter om door je eigen ellende heen te komen. Dat kan niemand anders voor je doen. Dat is jouw wezenlijke verantwoordelijkheid en dat zal je hele aardse bestaan zo blijven. Zelfs wanneer je jouw leven met dat van een ander laat samengaan, blijft het jouw verantwoordelijkheid. Elke keer dat je dat uit het oog verliest, of een ander de verantwoordelijkheid probeert te geven, moet je daar onvermijdelijk de prijs voor betalen.

*

Wanneer jullie stuk voor stuk de waarheid van je eigen hart zouden koesteren, zouden jullie collectief een heel andere wereld baren. Dat zou een wereld van verwerkelijking zijn, niet van opoffering, een wereld van gelijkheid, niet van vooroordeel, een wereld van inzicht en respect, niet van samenzwering en wanhoop.

Stimulerende leermeesters

Een authentieke spirituele leermeester eist geen gezag over anderen op. Hij of zij pretendeert niet de antwoorden en oplossingen voor anderen te hebben.
Hij preekt niet. Hij probeert iemand niet te verbeteren. Hij accepteert mensen zoals ze zijn en moedigt hen aan hun eigen waarheid te ontdekken.
Hij ontkent de duisternis niet maar gaat er ook niet tegenin. Hij moedigt simpelweg vriendelijk het licht aan. Hij weet dat het licht zelf alle wonden zal genezen.
Een authentieke leermeester gelooft niet dat de mens slecht is of dat de wereld verdoemd is. Hij begrijpt de universele roep om acceptatie en liefde. En die geeft hij.

Geeft hij ook eten en medische hulp, als dat nodig is? Uiteraard, maar hij onthoudt ook aan wie hij die geeft. Hij weet dat voedsel helpt, maar dat men daar niet om vraagt.
Men vraagt om liefde. Liefde is het echte voedsel. En hij geeft liefde.

*

Als je wijs bent, loop je niemand achterna. Dan word je ook niet misleid.
Maar als je toch een leraar of een leider wilt zoeken, zoek er dan een die je aanmoedigt om naar de waarheid in je eigen hart te luisteren. Zoek er een die van je houdt zonder te proberen macht over je uit te oefenen. Zoek een leermeester die je erkent en je met waardigheid en respect behandelt.
Eenieder die zichzelf bijzondere kennis toedicht en die voor een bepaalde prijs verkoopt, is een valse profeet. Eenieder die wil dat jij voor hem buigt, het met zijn mening eens bent, of zijn plannen ten uitvoer brengt, is een valse profeet. Eenieder die geld of seksuele gunsten vraagt in ruil voor spirituele adviezen, is een valse profeet. Eenieder die je ertoe aanzet je macht uit handen te geven, je waardigheid of je zelfrespect op het spel te zetten, is een valse profeet. Houd je niet met dat soort mensen op.
Hoed je voor iemand die jou de vrijheid ontzegt jezelf te zijn. Accepteer geen leermeester die beslissingen voor jou probeert te nemen. Laat je door niemand iets voorschrijven en je leven door niemand anders sturen.
Van de andere kant: schrijf anderen ook niets voor en probeer niet hun de vrijheid te ontnemen zelf te beslissen wat ze willen. Elke poging daartoe kluistert je simpelweg vast aan het rad van lijden.
Wat je anderen geeft, krijg je terug. Maak geen slachtoffers en

wees geen slachtoffer. Wees jezelf en geef anderen de kans zichzelf te zijn.

*

Liefde is de enige poort naar een spiritueel leven. Zonder liefde heb je alleen maar dogma's en starre, met angst beladen overtuigingen. Zonder liefde bestaat er geen mededogen of goedhartigheid.

Wie anderen veroordeelt, hen vermanend toespreekt en probeert te verlossen, projecteert slechts zijn eigen angsten en ontoereikendheid. Hij gebruikt religieuze bewoordingen als substituut voor de liefde die hij niet kan geven of ontvangen.

Onder degenen die het meest verloren en van de liefde afgesneden zijn, zijn er velen die leven in de schaduw van de kansel en elke zondag de trappen van het oordeel bestijgen om de boodschap van hun eigen angst te verkondigen. Veroordeel hen niet, want ze smeken op hun eigen pijnlijke wijze om liefde. Maar aanvaard ook de schuld niet die ze bij je neerleggen. Die ligt niet bij jou.

Wie een authentiek spiritueel leven leidt – ongeacht de traditie die men aanhangt – is gegrond in zijn liefde voor God en zijn medemens. Als zo iemand anderen ontmoet, heeft men alleen maar goede wensen en lof voor elkaar. Voor zo iemand betekenen etiketten niets.

Voor iemand die zijn geloof in praktijk brengt, is God de enige koning der koningen, en zijn mannen en vrouwen, wat ze ook geloven, hun onvoorwaardelijke gelijken. Iedereen wordt door God in gelijke mate bemind en gewaardeerd. Er bestaan geen verschoppelingen, geen heidenen.

Ik zei het al eerder en ik zeg het nogmaals: godsdienstige dogma's, zelfingenomenheid en valse trots scheppen verdeeldheid,

vervreemding en verbanning. Het zijn de gereedschappen van het oordeel, niet van de liefde.
Wie iets op anderen aan te merken heeft, volgt mijn leer niet. Mijn dispcipelen leren alles wat er gebeurt te bekijken met een open hart en een open geest. Ze zijn in toenemende mate bereid hun benepen ideeën en vooroordelen op te geven. Hun leven is hun leer en wordt geleefd met liefdevolle daden, niet met scherpe, hardvochtige woorden.

*

Je kunt beter neutraal blijven dan dingen doen of zeggen zonder inzicht en begrip. Leg je bijbels, je soetra's en je heilige boeken maar weg. Je moet er niet op staan dat anderen leven zoals jij denkt dat ze zouden moeten leven. Als je je om anderen bekommert, houd dan van ze. Laat zien dat je in staat bent liefdevol en meedogend te spreken en op te treden. Daar trek je veel meer aandacht mee dan met preken.
Het is niet jouw taak anderen toe te spreken, het is jouw taak de waarheid van je hart te vinden. Alleen jij weet welke koers je het best kunt varen om jouw doel hier te vervullen. Maar die kennis ligt vaak diep in je hart begraven. Soms moet je heel goed kunnen luisteren om contact te maken met je eigen wijsheid. In sommige gevallen kun je pas contact maken met anderen als je ophoudt te luisteren naar wat andere mensen vinden dat je doen moet.

*

Het pad dat ik voor jou heb uitgezet is een open pad. Eenieder die dat wil, kan het volgen. Er worden tevoren geen eisen gesteld: geen doop, geen biecht, geen communie. Niets van buiten-

af kan jou ervan weerhouden mijn leer in de armen te sluiten. Dat wil echter niet zeggen dat je eraantoe bent dit pad te bewandelen. Als je nog steeds aan dogma's of een bepaalde geloofsovertuiging vasthoudt, kun je de eerste stap niet zetten. Als je zeker weet dat jij of een ander slecht of schuldig is, kom je niet vooruit. Als je denkt dat je de antwoorden al hebt, kun je beginnen te lopen, maar je zit wel op een ander pad.
Mijn pad staat voor iedereen open, toch zijn er weinigen die het volgen. Er zijn er maar weinigen die bereid zijn op te geven wat ze denken te weten om te kunnen ontdekken wat ze nog niet weten. Zo was het al toen ik dit pad voor de eerste keer bewandelde, en zo is het heden ten dage nog. Velen zijn geroepen, maar er zijn er slechts weinigen die de roep beantwoorden.

Het goede ontdekken

Je leeft in een wereld waarin iedereen schuldig verklaard wordt. De meeste leerstellingen komen aan als een mokerslag en bieden je in het gunstigste geval een correctie, in het ongunstigste geval een veroordeling. Zo is mijn leer niet. Ik zeg dat je niet slecht bent. Je bent niet schuldig, wat je ook gedaan hebt, hoeveel fouten je ook gemaakt hebt. Ik breng je terug bij de waarheid aangaande jezelf. Aan jou de uitdaging je hart voor die waarheid open te stellen.
Hoe doe je dat? Dat doe je door te weigeren anderen te veroordelen, door niet te oordelen, niet te klagen, niet te kritiseren. Je doet dat door blij te zijn met je relaties en dankbaar te zijn voor de liefde en de warmte die je in je leven hebt. Je richt je op wat er is, niet op wat er niet is. Door het goede in je leven te ontdekken, versterk je het en laat je het naar anderen uitgaan.

Niet veroordelen

Alleen een zeer trots mens denkt dat hij een exclusief inzicht in de waarheid heeft en het recht heeft anderen te beoordelen. Een nederig mens begrijpt dat hij het recht niet heeft anderen te beoordelen.

Het is niet aan mij om overspel of echtscheiding of abortus te veroordelen. Want als ik dat zou veroordelen, zou ik iemand die zich in zo'n situatie bevindt aan het kruis nagelen. Dat zou de volgende Inquisitie betekenen, de zoveelste heilige oorlog waarin het goede het opneemt tegen het kwaad, het recht tegen het onrecht.

Het is niet mijn taak om te veroordelen, maar om begrip te hebben en te zegenen. Het is mijn taak de angst te zien in iemands ogen en hem of haar eraan te herinneren dat hij of zij bemind wordt.

Als dat mijn taak is, waarom zou ik dan willen dat jullie iemand om de oren slaan, verbranden en excommuniceren die jullie liefde het hardst nodig heeft? Wil je mij dan op hetzelfde niveau brengen als jouw angst, me jouw woorden in de mond leggen en die aan mij toeschrijven? Mijn vriend, houd toch op en kijk wat je doet. Je hebt het verkeerd begrepen. Je vergist je. Mijn leer gaat over de liefde, niet over oordelen, veroordelen of straffen.

Twee regels

Ik heb je slechts twee regels gegeven: heb God lief en heb elkander lief. Dat zijn de enige regels die je nodig hebt. Vraag me niet om meer regels. Vraag me niet om partij te kiezen in die soap-oorlogen van jullie. Ben ik voor het recht op leven (*Pro Life*, de anti- abortusbeweging in Amerika, vert.) of voor keuzevrijheid?

Hoe kan ik het een zijn zonder ook het ander te zijn? Dat is onmogelijk.
Als de waarheid je gaat dagen, hoef je je broeder niet langer aan te vallen. Zelfs wanneer je denkt dat jij gelijk hebt en hij het fout heeft, val je hem niet aan met 'de waarheid', maar geef je hem steun en begrip. En dan komen jullie samen dichter bij de waarheid, vanwege de liefde en de mildheid die er tussen jullie is.
Elke keer dat ik onderricht geef, maakt iemand er een stok van om er mensen mee van langs te geven. Alsjeblieft, vrienden, woorden die gebruikt worden om mensen ervanlangs te geven, kunnen niet van mij komen.
Ik heb jullie de sleutel gegeven van de deur in je binnenste. Gebruik die alsjeblieft, en maak je niet druk om de gedachten en daden van anderen. Werk aan jezelf. Als je je in dienst wilt stellen van deze leer, maak je die dan eerst eigen. Wees geen spreekbuis voor woorden en overtuigingen die je nog niet volledig in het ritme van je leven hebt opgenomen.
Eenieder die mijn leer uitdraagt, doet dat vanuit hetzelfde bewustzijnsniveau als ik. Anders kan wat hij uitdraagt mijn leer niet zijn.

Gelijkheid voor iedereen

Vrouwen nemen in mijn leer een gelijkwaardige plek in. Die plek hebben ze altijd gehad en zullen ze altijd hebben. Zij die vrouwen hun rechtmatige plaats in mijn kerk ontzegd hebben, volgen mijn leer niet.
Homo's en lesbiennes, zwarten, Marokkanen, Turken, wedergeboren christenen, fundamentalisten, boeddhisten, joden, advocaten en politici, ze hebben allemaal een plek in de geloofsge-

meenschap. Iedereen is welkom. Daar mag niemand van worden uitgesloten. En iedereen die deelheeft aan de gemeenschap moet de kans krijgen zich dienstbaar te maken in een leidinggevende positie. Mijn leer is nooit exclusief of hiërarchisch geweest. Jullie hebben de waarheid die ik onderwezen heb je eigen vooroordelen en oordelen opgelegd. Jullie hebben van een gebedshuis een gevangenis van angst en schuld gemaakt. Mijn vrienden, jullie vergissen je in je overtuigingen.

Maar het is nog niet te laat om van je fouten te leren. Toon berouw voor je onvriendelijke daden en bied je verontschuldigingen aan aan degenen die je gekwetst of oneerlijk beoordeeld hebt. Je wordt niet om je fouten veroordeeld, tenzij je eraan vasthoudt. Laat ze los. Je kunt groeien. Je kunt veranderen. Je kunt wijzer zijn dan vroeger. Je kunt ophouden een spreekbuis voor de angst te zijn en woordvoerder worden voor vergeving en liefde.

Er is nog nooit een schip de toegang tot de haven van vergeving geweigerd. Wat je ook gezegd en gedaan hebt, ik zal je met open armen welkom thuis heten. Je hoeft alleen maar je fouten op te biechten en ze achter je willen laten.

*

Als je goed kijkt, zal het je opvallen dat zij die het meeste behoefte hebben anderen voor te houden wat ze moeten doen, het minste vertrouwen in zichzelf hebben. Ze horen de stem in hun eigen hart nog in de verste verte niet; toch staan ze op een zeepkist anderen te vertellen wat ze moeten doen.

Het is niet ongebruikelijk dat mensen een tempel boven een greppel bouwen en dat Gods heiligdom noemen. Ik heb al vaak gezegd dat je voorzichtig moet zijn. De dingen zijn niet altijd wat ze lijken. Wolven gaan vermomd in schaapskleren. Gevan-

genissen van schuld en oordeel gaan door voor tempels van liefde en vergeving.
Het helpt als je je ogen openhoudt. Doe niet mee aan de kruistocht voordat je de vruchten van iemands daden gezien hebt. Woorden zijn vaak op effect belust en misleidend.

Niemand weet meer dan jij

Ik vraag je niet uit het oog te verliezen dat niemand meer weet dan jij. Niemand kan je iets geven dat je niet al hebt.
Vergeet ze maar, je leraren en goeroes, je sekten van wereldlijke en confessionele kennis. Vergeet je dogma's, esoterica en metafysica. Niets van dat alles kan jou bevrijden van lijden en pijn. Het voegt alleen iets toe aan de last die je draagt.
Wees realistisch over je aardse bestaan. Er is slechts één iemand die moet ontwaken, en dat ben jij. Wie jou iets te geven heeft, zal je dat niet onthouden. Wie jou informatie of liefde onthoudt, heeft niets te geven.
Hoed je voor mensen die je door hoepels willen laten springen of in het gareel willen krijgen. Ze vullen op jouw kosten alleen hun eigen zak. Tolereer het idee dat de verlossing elders gelegen is niet. Dat is niet zo.
Als je hun de kans geeft, zal men je maar al te graag van allerlei voorschrijven en je je vrijheid ontnemen. Leef echter niet naar andermans regels. Leef naar Gods regels.
Acht je 'zelf' hoog. Het is onaantastbaar en moet onaantastbaar blijven. Acht anderen hoog. Ze moeten altijd erkend worden en de vrijheid krijgen.
Maar beëindig onmiskenbaar en met een blij gemoed de relaties met mensen die jou willen voorhouden wat je moet denken of doen. Ga niet mee met het idee dat er ergens buiten je iets te be-

reiken valt wanneer je je maar beter zou gedragen, het meer waard zou zijn, spiritueler zou zijn, intelligenter zou zijn ... vul zelf maar in.
Ga niet de zakken vullen van hen die je loze beloften doen. Het maakt niet uit wat ze beloven: meer zekerheid, meer geld, meer gemoedsrust, meer verlichting.
Mijn vriend, je bent al verlicht. Je hebt al volkomen zekerheid. Je hebt al gemoedsrust en beschikt over alle middelen die je nodig hebt om je creatieve doel te vervullen. Je hebt slechts één ding niet, en dat is het besef dat dit allemaal waar is.
En niemand kan jou dat besef geven. Ik niet, een tweedehandsautoverkoper niet, een over samadhi beuzelende swami niet. Als iemand beweert dat hij dat wel kan, wordt het tijd voor een bulderende lach. Sla je arm om hem heen en zeg dat het de beste mop is die je in jaren gehoord hebt.
Hoor je me? Niemand kan je dat besef geven! Een besef – bewustzijn – is geen geschenk, maar een gebaar van het eigen ik, een energetische beweging waardoor je aanwezig bent en het leven in de armen sluit. Dat bewustzijn bestaat a priori in elk mens. Je hoeft alleen maar bewust te willen zijn en het bewustzijn is er. Het komt en gaat met de ademhaling. Als je bewust wilt zijn, adem dan! Adem in om het nu, dit moment, in de armen te sluiten. Adem uit om het los te laten. Adem, adem, adem. Elke ademhaling is een daad van bewustzijn.
Als ik bij je aan de deur zou komen met de boodschap dat ik ademhalingen verkocht voor vijf miljoen gulden per stuk, dan zou je dat toch behoorlijk raar vinden, nietwaar? Je zou tegen me zeggen: ‘Dat is mooi, broeder, maar ik heb al alle ademhalingen die ik nodig heb.’ Natuurlijk heb je die.
Maar je vergeet steeds dat je ze hebt. Je blijft maar verzekeringen afsluiten, verliefd worden op die aanlokkelijke prins of prin-

ses, achter dokter 'ik-geef-je-een-lekker-gevoel' en swami 'ik-weet-alles-en-kom-het-maar-halen-voor-een-tientje' aan rennen. Ze hebben allemaal zulke lange namen, het is nog een wonder dat je ze uit kunt spreken.
Haal eens adem, mijn vriend. Goed zo, diep ademhalen. Niemand heeft wat jij nodig hebt. Heb je me gehoord? Niemand!
Kijk, je bent hier eigenlijk helemaal alleen. Maar dat is niet zo problematisch als je denkt, want er ontbreekt geen enkel onderdeel aan jou. Als je hier maar lang genoeg vertoeft zonder je macht aan anderen uit handen te geven, vind je alle verbrokkelde en gedissocieerde aspecten van jezelf terug, om geen andere reden dan dat ze nooit weg geweest zijn. Ze waren alleen afgedekt geraakt tijdens jouw run op de uitgang.
'Gewoon rustig hier blijven en het komt vanzelf.' Prachtig advies van een heilige, nietwaar? 'Volgens mij kunnen we die vent beter naar een training voor beginnende ondernemers of een workshop over spiritualiteit in het zakenleven sturen, anders kan hij nooit in zijn levensonderhoud voorzien.'
Dan heb ik een nieuwtje voor jullie, vrienden. Ik hoef niet in mijn levensonderhoud te voorzien. Ik BEN het levensonderhoud. En dat geldt ook voor jou. Gewoon rustig hier blijven en het komt vanzelf. Omdat je het nooit kwijtgeraakt bent. Je deed alleen maar alsof.
Het ene ogenblik was je er nog helemaal bij, en het volgende ogenblik was je lichaam er wel maar je geest was op vakantie naar de Bahama's. Nu, na zo'n dertig jaar of hoe lang het ook geweest is, kun je jezelf terughalen, je je lichaam toe-eigenen en aanwezig zijn in het volgende ogenblik.
Kun je je voorstellen dat er dertig jaar zijn voorbijgegaan tussen de ene ademhaling en de andere? Het mag vreemd lijken, maar ik kan je vertellen dat het een veel voorkomende ervaring is. Je

hoeft je er niet voor te schamen.
De volgende keer dat iemand vraagt hoe oud je bent, zeg dan gewoon de waarheid: 'Men beweert dat ik vijfenveertig ben, maar ik heb nog maar vier keer ademgehaald!'
Ik maak maar een grapje! Of niet? Hoeveel keer heb jij bij vol bewustzijn adem gehaald?
Maak je geen zorgen om het verleden. Begin gewoon nu. Adem en eigen je je leven toe. Adem en laat alle mentale en emotionele hulpstukken die je bij je had los. Adem en laat alle woorden die ooit door gezagsdragers tegen je gesproken zijn los.
Adem en word zachter. Adem en word sterker. Adem en ben. Jij bent authentiek. Jij bent intact. Jij bent een kind van de grote Geest die ons allen leven inblaast.

Voor de waarheid opkomen

Je beloften een nieuwe inhoud geven

Je krijgt bedrog en misbruik wanneer je al te star vasthoudt aan bepaalde afspraken, of je beloften uit angst verbreekt. Als je een belofte doet en het geeft je een onaangenaam gevoel je eraan te houden, heb je de verantwoordelijkheid dat aan de betrokkenen te laten weten. Je erkent anderen altijd het best door eerlijk te zijn over jouw beleving.

Ambivalentie

Het is duidelijke taal als je 'ja' of 'nee' tegen iemand zegt. Maar door 'nee' te zeggen en 'ja' te bedoelen of 'ja' te zeggen en 'nee' te bedoelen, maak je de weg vrij voor onheus gedrag.

'Nee' zeggen tegen wat vals is

Moet ik je nog helpen herinneren dat trouw zijn aan de waarheid geen populair verschijnsel is? Het betekent namelijk vaak dat je 'ja' moet zeggen als anderen 'nee' zeggen of 'nee' moet zeggen als anderen 'ja' zouden zeggen.
Velen onder jullie kunnen zich niet voorstellen dat 'nee' zeggen een daad van liefde kan zijn. Toch is het heel makkelijk om liefdevol 'nee' te zeggen. Als je kind zijn hand op een warme kachel dreigt te leggen, zeg je snel en krachtig 'nee'. Je wilt niet dat hij zich pijn doet. En vervolgens leg je je arm om hem heen en laat hem geruststellend weten dat je van hem houdt.
Hoe vaak komt je broeder niet naar je toe met zijn hand op de kachel? Je kunt toch geen steun verlenen aan gedrag waarvan je

weet dat het pijnlijk is voor de ander? En je wilt evenmin dat je vrienden dergelijk gedrag van jou ondersteunen.

*

Een vriend spreekt zijn eigen waarheid en helpt je vervolgens herinneren dat het je vrijstaat je eigen keuze te maken. Hij is bereid te vertellen hoe hij het zelf ervaart, maar probeert je zijn mening niet op te dringen.
Je kunt iemands vriend niet zijn als je niet bereid bent de waarheid te zeggen. Maar eerlijkheid alleen is niet genoeg. Eerlijkheid en nederigheid moeten hand in hand gaan. Je nederigheid laat je broeder weten: 'Zo zie ik het. Ik kan het bij het rechte eind hebben of ik kan het fout hebben. Hoe zie jij het? Tenslotte ben jij degene die de keuze moet maken.'

Burgerlijke ongehoorzaamheid

Mijn kruisdood was een daad van burgerlijke ongehoorzaamheid. Ik aanvaardde de folteringen en de dood omdat ik weigerde iets anders te zeggen dan de waarheid die ik kende vanuit mijn eigen hart.
Het is niet makkelijk om voor de waarheid op te komen als iedereen tegen je is. Als je te veel waarde aan je lichaam hecht, kun je het niet. Alleen iemand bij wie de waarheid boven alles gaat, zet zijn leven op het spel voor iets waar hij in gelooft.
Zeker, ik ben niet de enige die dat gedaan heeft. Je kent er velen die boven hun angst zijn uitgestegen om op te komen voor datgene waar ze in geloven.

Geweldloosheid

Opkomen voor de waarheid is een krachtige daad, maar het is geen daad van geweld. Iemand die voor de waarheid opkomt moet dat liefdevol doen, anders is datgene waar zij/hij voor staat de waarheid niet.
Er zullen momenten zijn waarop je voor jezelf of anderen die onjuist behandeld worden op moet komen. Je kunt niet in angst door het leven gaan, en in een hoekje wegkruipen terwijl anderen voor jou beslissen. Je moet opstaan en je stem laten gelden. Maar doe het alsjeblieft liefdevol, meedogend, respectvol. Doe het in de wetenschap dat er geen vijand is, daarbuiten. Elke broeder of zuster, hoe boos, bang of wantrouwend hij of zij ook mag zijn, verdient jouw steun en respect. En je manier van optreden betekent evenveel als wat je doet of zegt.

Innerlijk gezag

Wat ik je laat zien is de kracht die zich manifesteert wanneer je naar je eigen innerlijke stem luistert en daar gevolg aan geeft, zelfs wanneer anderen je veroordelen of er bezwaar tegen hebben. Ik vertegenwoordig het innerlijke gezag van de universele hart/geest die eenieder in gelijke mate erkent. Ik weet dat je wel authentiek *moet* worden als je vertrouwt op het goddelijke in je binnenste.
Ik heb geprobeerd je te laten zien hoe je je los kunt maken van het ouderlijk gezag, het maatschappelijk gezag en het kerkelijk gezag. Ik heb je laten weten dat de wetten en gebruiken van de mensen beperkt worden door de omstandigheden – condities en voorwaarden – waaronder ze leven. Ze kunnen niet verder kijken.

Ik heb je gevraagd de moed te hebben alleen te staan, opdat je de benepen identificaties kunt afschudden die je ervan weerhouden te beseffen wie je bent. Ik heb je gevraagd je huis en je werk achter te laten opdat je een stap achteruit kon doen en je leven van een afstand kon bekijken, waardoor je de zelfbeperkende en op angst gebaseerde patronen bij het aangaan van relaties kon zien. Ik heb je gevraagd een stap achteruit te doen, opdat je zou zien dat je jezelf niet tekort hoeft te doen.

Een mens moet het huis van zijn ouders verlaten en zich voor nieuwe ervaringen openstellen als hij zelf een gezin wil stichten. Om dezelfde reden moet je je school, je loopbaan, je godsdienst en je relatie achter je laten opdat je erachter kunt komen wie je bent, los van de condities in jouw leven.

Je bent niet slechts een zoon of dochter, een echtgenoot of echtgenote, een timmerman of loodgieter, een zwarte of een blanke, een christen of een jood. Maar wanneer je je met die rollen vereenzelvigt, ontdek je nooit de essentie – het wezen – in jou die dat alles overstijgt. En je ontdekt evenmin hoe je de onvermijdelijke verdeeldheid te boven kunt komen die deze uiterlijke bepalingen in je leven kunnen veroorzaken.

Ik heb je gevraagd met respect naar anderen te luisteren, maar nooit hun meningen en ideeën als gezaghebbend te aanvaarden. Ik heb je gevraagd dat gezag in jezelf te zoeken, zelfs als niemand in je omgeving het ermee eens is. En ik heb je gevraagd dat innerlijke gezag te volgen, zelfs ten overstaan van regelrechte kritiek van je vrienden, familie, kerk, ras, politieke partij en landgenoten.

Ik heb je gevraagd alleen te staan, niet omdat ik je wil isoleren, maar opdat je de waarheid zult leren kennen en er je ankerpunt in vindt. Want er zullen ogenblikken komen waarop je voor die waarheid op moet komen te midden van een menigte mensen die haar willen negeren, die hun broeders en zusters tot zondebok willen maken zoals ze ooit mij tot zondebok gemaakt hebben. Dat zijn de ogenblikken, mijn vriend, waarop jij de roepende in de woestijn zult zijn, de stem die mensen helpt de weg naar huis terug te vinden. En je zou die stem niet hebben kunnen worden wanneer je niet je huis verlaten had en geleerd had alleen te staan met de waarheid.

Waarheid, essentie en liefde

De waarheid schuilt in je hart, tezamen met de essentie – het wezen – en de liefde. Deze drie kunnen alleen belichaamd en geuit worden als je geen gelijk hoeft te krijgen, en ook geen liefde of goedkeuring terugverwacht.

Om bij de waarheid, de liefde en de essentie te komen, moet je weigeren genoegen te nemen met imitaties daarvan. Als je voorwaardelijke liefde accepteert, kun je geen liefde zonder voorwaarden voelen. Als je enigerlei vorm van dogma, oordeel of vooroordeel als de waarheid accepteert, zul je de zuivere waarheid van je eigen hart niet leren kennen. Als je goedkeuring wilt van andere mensen, en hecht aan hoe je bij hen overkomt, zul je je essentiële ik niet uiten, zelfs niet als daar behoefte aan is.

Als je het valse voor het ware aanziet, kun je niet bevestigen wat waar is of loochenen wat vals is. Dat, mijn vrienden, is zo moeilijk bij woorden en concepten. Als je tot de kern door wilt dringen, moet je verder gaan dan woorden en concepten.

Als je over liefde spreekt, vraag je dan alsjeblieft af: 'Is mijn liefde vrij van voorwaarden?' Als je over de waarheid spreekt, vraag je dan alsjeblieft af: 'Is mijn waarheid vrij van oordelen of meningen?' Als je over de essentie spreekt, vraag je dan af:

'Hecht ik eraan hoe ik overkom, aan de opvattingen die mensen over mij hebben?'
De vrijheid jezelf te zijn vraagt meer onthechting dan je denkt. Zolang je nog iets van iemand wilt, kun je jezelf niet zijn. Pas als je niets bepaalds meer van wie dan ook wilt, ben je vrij jezelf te zijn en oprecht en authentiek met anderen om te gaan.
Ik zeg dit niet om je te ontmoedigen, maar om je voor te bereiden op de diepte en de reikwijdte van de tocht die je onderneemt. Om een zelfverwerkelijkt mens te kunnen zijn, word je geacht je los te maken van alle verwachtingen en voorwaarden, of die nu van jou of van iemand anders komen.

Vertrouwen op de Bron

Heb maar vertrouwen in je verbinding met de Bron van alles. Je hebt alles wat je nodig hebt om wijselijk door je leven geloodst te worden. Je staat niet verder van God af dan ik. Je hebt mij niet nodig om je tot aan de voeten van de Godheid te brengen. Je bent daar al.
God kan onmogelijk van je weggaan. Wanneer jij die aanwezigheid niet voelt, komt dat doordat jij weg bent gegaan. Jij hebt je macht uit handen gegeven aan een of andere aardse vorm van gezag. Je hebt de plek waar God in jou woont verlaten op zoek naar iets speciaals in de wereld. Die zoektocht blijkt altijd tevergeefs te zijn, maar dat wil niet zeggen dat je zult ophouden te proberen het antwoord buiten jezelf te zoeken.

*

Als je een leermeester hebt die je stimuleert en aanmoedigt, ben ik blij voor je. Het maakt mij niets uit of die leraar een boeddhist

of een jood is, een christen of een moslim, een sjamaan of een zakenman. Als je leert op jezelf te vertrouwen, als je er in hart en geest opener door wordt, ben ik blij voor je. Het maakt niet uit welk pad je precies volgt, in welke symbolen je gelooft of welke geschriften je als heilig beschouwt. Ik bekijk de vruchten van je geloof, om te zien of je je goddelijkheid bekleedt of je macht aan anderen uit handen geeft.
Nee, ik wil jouw exclusieve loyaliteit niet. Ik vraag je simpelweg een leermeester te kiezen die je ertoe aanzet de waarheid in je eigen hart te zoeken, want alleen daar zul je die vinden. Als je je macht uit handen geeft, aan mij of aan een ander, weet ik dat je me niet verstaan hebt.

*

Jouw pad kent zijn eigen eenvoudige schoonheid en mysterie. Het is nooit wat je denkt dat het zal zijn. Toch zul je altijd intuïtief kunnen weten wat de volgende stap moet zijn.

*

Jij maakt de innerlijke tempel klaar waar God kan komen. En wie, mijn vriend, is God anders dan Degene in jou die alles weet en begrijpt, Degene die jou zonder voorwaarden accepteert en liefheeft, onder alle omstandigheden, nu en altijd?
Diegene huist niet buiten jou, maar in het diepst van je hart. Wanneer je vraag oprecht is, is dit Degene die antwoordt. Wanneer je klopt, is dit Degene die de deur opendoet.

*

De roep tot ontwaken ligt diep in je psyche ingebed. Hij klinkt niet hetzelfde als de roep die anderen horen. Als je naar anderen

luistert, hoor je die roep niet.
Maar wanneer je hem eenmaal hoort, zul je inzien dat anderen hem ook horen, op hun eigen wijze. En dan kun je met hen meedoen en hen simpelweg steunen. Door hen te zegenen, zegen je jezelf. Door hen de vrijheid te geven hun eigen pad te bewandelen, geef je jezelf de vrijheid het jouwe te bewandelen.

Vorm en het vormloze

Het lichaam

Elke keer dat ik uitleg welke inherente beperkingen het stoffelijke lichaam heeft, komt er onvermijdelijk iemand die mijn uitspraken interpreteert als 'het lichaam is slecht, minderwaardig of kwaadaardig'. Die behoefte het lichaam af te wijzen is een vorm van gehechtheid eraan. Waar je je tegen een verlangen verzet, wordt dat verlangen sterker.

Het lichaam is op geen enkele wijze slecht of minderwaardig. Het is simpelweg tijdelijk. Je zult nooit de opperste vervulling vinden door aan zijn behoeften tegemoet te komen. En evenmin – kan ik eraan toevoegen – zul je de opperste vervulling vinden door zijn behoeften te loochenen. Goed voor je lichaam zorgen is een daad van gratie of genade. Geobsedeerd zijn door lichamelijke geneugten of kwalen is allesbehalve gracieus of genadig.

*

Het is zowel een voorrecht als een uitdaging om in een lichaam te verkeren. Dankzij de kansen die het lichaam je geeft, leer je heel veel lessen.

Toch moet je niet vergeten dat alles wat het lichaam voor je doen kan, ooit ongedaan gemaakt wordt. De geneugten van eten, drinken, seks, slaap, vermaak, wat hebben die nog te betekenen als het lichaam er niet meer is? Je lichaam aanbidden is even nutteloos als het met minachting behandelen.

Het lichaam is een middel. Het is een vervoermiddel waarmee je ervaringen kunt opdoen. Het heeft een doel. Ik heb mijn lichaam gebruikt om mijn missie op aarde te volbrengen, net zo-

als jij het jouwe moet gebruiken. Ik heb lichamelijk genot en lichamelijke ellende gekend, net zoals jij dat ongetwijfeld hebt. Elke mens die een lichaam krijgt voelt verrukking en pijn, ervaart liefde en dood.
Het lichaam is een vervoermiddel. Het is een leermiddel. Spring er alsjeblieft niet respectloos of achteloos mee om. Maak het alsjeblieft niet tot een god die je aanbidt. Maak het niet belangrijker of onbelangrijker dan het is.
Als je van je lichaam geniet en ervoor zorgt, kan het je beter van dienst zijn. Maar geen enkel lichaam is perfect. Elk lichaam gaat op den duur ten onder. Lichamen zijn niet bedoeld om eeuwig mee te gaan. Wie over lichamelijke onsterfelijkheid praat, slaat de plank volledig mis.
Je staat niet voor de uitdaging om eeuwig te leven in je stoffelijke lichaam. Je uitdaging is dat je je aan je bestaan overgeeft, opdat het zich mag verheffen en door genade geleid mag worden. Dán word je een instrument voor de verlossing, voor jezelf en voor anderen.
Ik heb je ooit gevraagd om in de wereld maar niet van de wereld te zijn. Ik gaf je de raad je lichaam te bewonen, het te erkennen, het te gebruiken om liefde en acceptatie te verbreiden zonder je eraan te hechten. Ik vroeg je ook je huis niet op zand te bouwen, waar elke storm zijn verwoestende tol eist. Sommige dingen zijn tijdelijk en tijdsgebonden, en sommige zijn eeuwig. Het lichaam is niet eeuwig. Het is in het gunstigste geval een tijdelijke dienaar.

Seksualiteit

Sommige mensen keren zich tegen een gezonde vorm van seksualiteit omdat ze hun eigen seksualiteit moeilijk kunnen accep-

teren. Die mensen – onder wie vele geestelijken – kunnen het voor vele anderen verzieken. Geef er geen aandacht aan. Ze hebben hun eigen moeilijke lessen in dit leven.
De enig laakbare seksuele uitingsvorm is seks zonder liefde. Sommige mensen zijn verslaafd aan dat soort object-gerichte seks. Ze proberen bevrediging te vinden door de geneugten van het orgasme. Dat lukt nooit, want na de piek van het orgasme volgt altijd het golfdal van het existentiële contact met je partner. Als je houdt van degene met wie je samen bent, is dat golfdal vredig en aangenaam. Als je niet van diegene houdt, voelt dat golfdal hol en onprettig aan.
Seks zonder liefde is als het erop aankomt onbevredigend en verslavend. Je wilt altijd meer. Meer seks, meer partners, meer prikkels. Maar meer is nooit genoeg. Als je je seksueel inlaat met iemand van wie je niet houdt, ontheilig je jezelf en ook de ander.
Begeef je niet op het seksuele vlak met iemand van wie je niet houdt. Zelfs wanneer er sprake is van een liefhebbend partnerschap, begin niet aan seks als je hart niet voor je partner openstaat. Seks zonder liefde, onder welke vermomming dan ook, verbrokkelt de energie van jullie eenwording en verergert je emotionele kwetsuren.

*

Laat je liefdesspel een daad van vreugde zijn, een daad van overgave aan de Christus in jezelf en in je partner. Lichamelijke liefde is niet minder mooi dan andere vormen van liefde en kan er evenmin van losgemaakt worden. Wie lichamelijke liefde als iets niet-heiligs beschouwt, zal het ook zo ervaren, niet omdat dat zo is, maar omdat men dat zo ziet.

*

Als je getrouwd bent, vormt de drang tot seksuele eenwording een belangrijk onderdeel van het sacrament. Het huwelijk is bedoeld als een omhelzing waarbij alle chakra's betrokken zijn. Seksuele passie in een onderdeel van het veelomvattender verlangen bij de bewuste persoon te zijn. Elke keer dat het daar los van komt te staan, wordt seks een aanval.
Sommige getrouwde mensen doen aan seks zonder liefde, zonder overgave, zonder devotie. Dergelijk gedrag is vaak het begin van een aftakelingsproces dat uitloopt op ontrouw.
Wanneer de liefde wederzijds is en de partners zich emotioneel aan elkaar kunnen overgeven, is seks volmaakt verheffend en heilig. Maar als de communicatie binnen de relatie ongeïnteresseerd en pro forma is, als er geen tijd wordt gemaakt voor intimiteit van mens tot mens, wordt de relatie een schulp waarin je je verstopt. Er zit geen energie en toewijding meer in. Seks wordt dan een daad van lichamelijk bedrog.

Abortus

'Kan het ooit juist zijn', vraag je, 'om een ongeboren kind het leven te ontnemen?' Ik moet zeggen dat het nooit juist is iemand het leven te ontnemen, onder geen enkele omstandigheid. Betekent dat dat het niet gebeurt? Nee, zoveel is zeker. En als het gebeurt moet je mededogen voelen voor eenieder die erbij betrokken is.
Je hoeft niet in een volmaakte wereld te leven. Je valt anderen aan als je van ze verwacht dat ze volmaakt zijn. Dat heb ik niet onderwezen. Zelfs anderen als fout zien is een vorm van agressie.

Val je broeder of zuster niet aan. Daar kan niets goeds van komen.

Het ego

Je ego is dat deel van jou dat niet weet dat je bemind wordt. Het kan geen liefde geven, omdat het niet weet dat het liefde te geven heeft.
Als je van je ego houdt en het accepteert, beseft het dat het liefde krijgt. De verkrampte aspecten van je bewustzijn ontspannen zich. Het verzet verdwijnt. Zodra het ego beseft dat het bemind wordt, houdt het op ego te zijn.
Het ego moet als ego sterven om als liefde herboren te worden.
Nu weet je waarom de meeste mensen zich tegen de verlichting verzetten. Het idee dat je wakker moet worden is beangstigend voor eenieder die nog slaapt.
Je angst voor de dood en je angst te ontwaken zijn dezelfde angst. Het onbeperkte, universele Zelf kan pas geboren worden wanneer het beperkte, tijdelijke zelf doodgaat.

Sterven

Sterven is een van de beste manieren om aanwezig te leren zijn. Als je snel wilt ontwaken, probeer dan te sterven. Als je sterft, ben je je als nooit tevoren van dingen bewust. Je merkt elke ademhaling op, elke nuance, elke bloem, elk liefdevol woord of gebaar.
Sterven is zoiets als een stoomcursus in ontwaken. Dat wil echter niet zeggen dat iedereen die sterft ook ontwaakt. Het betekent louter dat ze de cursus gevolgd hebben.
Je losmaken van een zinloze identiteit – vereenzelviging – is

een onontkoombare stap op het pad terug naar huis. Hoe minder je te beschermen hebt, des te verrukkelijker je bestaan wordt. Hoewel ik niet zover wil gaan te beweren dat 'doodgaan leuk is', wil ik toch zeggen dat doodgaan alleen 'niet leuk' is omdat je je nog vastklampt aan iets waarmee je je vereenzelvigt.

Pas als je sterft en herboren wordt ...

Ik heb gezegd dat je het koninkrijk der hemelen pas kunt binnentreden als je sterft en herboren wordt. Niemand komt hier naar de aarde zonder te lijden onder de pijn van het verlies. Elke identiteit die je aanneemt wordt je als de tijd daar is weer ontnomen. Iedereen van wie je houdt, gaat dood. Dat is slechts een kwestie van tijd. En het is slechts een kwestie van tijd voordat ook jij je lichaam en de wereld achter je laat.

Elke gewijde leer spoort je aan je niet te hechten aan wereldse zaken, omdat die niet blijvend zijn. Toch raak je er desondanks aan gehecht. Dat hoort bij het ontwaken, bij het bewustwordingsproces: gehecht raken en loslaten, in je armen sluiten en loslaten. Zo verdiept de liefde zich en ontstaat er wijsheid.

Je zult in de loop van je leven vaak een kleine dood sterven. Je zult vele keren de armen die je ooit getroost hebben, los moeten laten en alleen een onzekere toekomst tegemoet gaan. Elke keer dat dat het geval is, komen je angsten omhoog en moet je daardoorheen.

Heb geduld. Niemand wordt van het ene op het andere moment herboren. Het vraagt tijd. Het is een proces. Het tij komt op en trekt zich weer terug. Mensen laten de ene gehechtheid louter los om een andere te vormen, waarin ze een grotere uitdaging vinden. Het leven verloopt ritmisch, maar er zit vooruitgang in. In de gezamenlijke ademhaling van aarde en water, verandert het

strand. Stormen komen en gaan.
Uiteindelijk ontstaat er een diepe rust die hart en geest doordringt. Eindelijk heb je de grond van je bestaan bereikt. Hier kunnen de wateren der verandering komen en gaan, en verheugt de aarde zich daarin als een minnaar die zich verheugt in de speelse aanraking van zijn geliefde.
Je voelt een diepe aanvaarding, die gepaard gaat met de kalme erkenning dat alles volmaakt is zoals het is. Dat is genade, dat is de tegenwoordigheid van God die verblijf is komen houden in jouw hart en in jouw leven.

*

Op het niveau van de vorm kun je niets blijvends vinden. Elke vorm is in wezen een verstoring van de oorspronkelijke vormloosheid van het universum. Wat allesomvattend, alles aanvaardend en alles beminnend is, kan niet tot een vorm beperkt worden. Liefde kent geen voorwaarden; dat wil zeggen dat ze geen vorm heeft.

*

Je kunt de dood van het ego niet uit de weg gaan en je kunt evenmin de dood van het lichaam uit de weg gaan. Maak niet de fout te geloven dat je ego sterft wanneer je lichaam sterft, of dat je lichaam sterft wanneer je ego sterft.

Hemelvaart

Als je liefdevol optreedt en liefdevolle woorden spreekt, huist de Geest in jou en roep je die wakker in anderen. Dan ben je het licht van de wereld, en ziet de fysieke werkelijkheid er niet zo

ondoordringbaar uit als voorheen. Dát is de juiste betekenis van het begrip 'hemelvaart'.
In de tegenwoordigheid van de liefde, worden het lichaam en de wereld opgetild. Ze zijn van licht doordrongen, vol van mogelijkheden en blijdschap om het goede. De wereld die je ziet wanneer de Geest leeft in je hart en in je leven, is een andere dan die welke je ziet wanneer je aandacht volledig in beslag genomen wordt door de behoeften van je ego. De wereld die je ziet wanneer je liefde geeft, is niet dezelfde wereld als die welke je ziet wanneer je liefde eist. Als je het lichaam wilt overstijgen, leer het dan op liefdevolle wijze te gebruiken. Denk en spreek welgezind over jezelf en anderen. Wees positief, opbouwend, behulpzaam. Zoek geen problemen. Blijf niet stilstaan bij wat er ontbreekt. Neem elke gelegenheid liefde te geven te baat. Geef jezelf liefde als je verdrietig bent. Geef anderen liefde als ze twijfelen of negatief zijn.
Wees de liefde in de wereld. Dat ben je. Al het andere is een illusie.

Een leven in dienstbaarheid

Zodra je gaat begrijpen dat jouw behoeften hetzelfde zijn als de behoeften van anderen, wordt de sluier opgelicht. Je hoeft geen speciale behandeling meer te krijgen. Je hoeft anderen geen speciale behandeling meer te geven. Wat je de een gunt, gun je iedereen. Je maakt de ene persoon niet belangrijker dan anderen.
Het kunnen zien van die gelijkheid betekent het begin van de transcendentie van het lichaam en de fysieke wereld. Alle lichamen zijn in wezen hetzelfde. Alle lichamelijke behoeften zijn in wezen hetzelfde. Alle emotionele behoeften zijn in wezen hetzelfde. Alle vormen van geloof in afgescheiden zijn zijn in we-

zen hetzelfde.
Als je jezelf niet meer los hoeft te zien van anderen, kun je anderen dienen zonder ergens aan te hechten. Je kunt iets geven zonder te hoeven weten hoe het gegevene ontvangen wordt.
Dienstbaar zijn is een kans, geen taakomschrijving. Je kunt niet dienstbaar zijn en daar plannen mee hebben of er je identiteit aan ontlenen. Je kunt niet dienstbaar zijn en aan de resultaten hechten.
Als je iemand helpt, help je jezelf. Je helpt je moeder en je vader. Je helpt je verre neef. Je helpt de dronkeman op de hoek van de straat. Jouw hulp gaat naar hen die hem nodig hebben.
Helpen heeft niets van doen met jou als helper of geholpene, afgezien van je simpele bereidheid tot geven en ontvangen in het hier-en-nu. Helpen doe je voor een en voor allen. Je kunt de een geen hulp bieden zonder iedereen hulpt te bieden. En je kunt evenmin iedereen hulp bieden zonder die aan één mens te bieden.

Twee werelden in één

Het lijkt of er twee werelden zijn, maar eigenlijk is er maar één. Angst is slechts de afwezigheid van liefde. Schaarste is slechts de afwezigheid van overvloed. Rancune is slechts de afwezigheid van dankbaarheid.
Iets kan pas afwezig zijn wanneer het eerst in overvloed aanwezig was. Zonder aanwezigheid betekent afwezigheid niets.
Het lijkt wel verstoppertje spelen. Iemand moet zich eerst verstoppen. Wie wordt dat? Jij of ik? Misschien wordt het wel de Schepper Zelf.
Eerlijk gezegd: het maakt niets uit. Als jij aan de beurt bent, verstop je je, en je broeder vindt je, zoals ik hem gevonden heb.

Iedereen komt aan de beurt om zich te verstoppen, en op den duur wordt iedereen gevonden.
De wereld van de dualiteit komt voort uit heelheid en keert terug naar heelheid. Wat verenigd is gaat uit elkaar en komt weer bijeen. Dat is de aard van de menselijke/goddelijke dans.

Leven in het hier-en-nu

Liefhebben doe je nu

Als er sprake is van liefde, maak je je geen zorgen over de toekomst. Als de liefde ontbreekt, wil je garanties met betrekking tot morgen.
De liefde komt in het hier-en-nu tot leven. De essentie van het bestaan is in het hier-en-nu aanwezig. Er is nooit meer liefde dan de liefde die er hier en nu kan zijn. Hoor je dat? De hoogst bereikbare liefde is hier en nu – op dit moment – bereikbaar. Die kun je niet in het verleden of de toekomst beleven.

De hemel is hier

Vergeven doe je niet om in de toekomst verlossing te verwerven, maar om de verlossing hier en nu te ervaren. Je hele spiritualiteit beleef je louter op dit moment. Het heeft niets van doen met wat je ooit in het verleden gedacht of gevonden hebt. Het gebeurt op dit moment, in de omstandigheden die voor je neus liggen.

*

Wanneer je maar een enkel ogenblik zonder tijd zou kunnen leven, zou je begrijpen wat je verlossing is. In dat tijdloze ogenblik heeft niets van wat je ooit gezegd of gedaan hebt enige betekenis. Op dat moment valt er niets te hebben: je hebt geen verleden, geen toekomst, geen identiteit. Het enige dat bestaat is een ogenblik van zuiver zijn, het ogenblik waar je altijd al vertoeft zonder het te weten. Stel je dat eens voor: je bent al in de hemel en je weet het niet!

Je bent in de hemel, maar vindt de hemel niet aanvaardbaar. De hemel verleent geen steun aan je ego, je plannen en dromen. De hemel verleent geen steun aan je machtsstrijd, je lessen, zelfs niet aan je vergevingsgezindheid.
De hemel verleent geen steun aan je soap van misdaad en straf, zonde en verlossing. In de hemel hoeft niets verbeterd te worden. Ook op dit ogenblik hoeft er niets verbeterd te worden. Onthoud dat, en je bent in het koninkrijk.

*

Je ervaart alleen maar duisternis en gebrek wanneer je kritiek hebt op de situatie die je in het hier-en-nu wordt voorgeschoteld. Als je de situatie bekijkt en er dankbaarheid voor voelt, ervaar je niets dan geluk.

*

Probeer niet de duisternis achter je te laten. Probeer niet het geluk te vinden. Wees je simpelweg bewust hoe je ervoor staat en wees bereid om alles wat er is lief te hebben en te accepteren.

*

Geluk treedt alleen op in het hier-en-nu. Als je je druk gaat maken over de vraag of je morgen gelukkig zult zijn, of zelfs maar over vijf minuten, kun je nu niet gelukkig meer zijn. Al dat plannen en dromen haalt je weg bij je huidige geluk.
Haal alsjeblieft diep adem en kom terug naar je hart. Je kunt alle chaos en verwarring in je hoofd transcenderen door het eenvoudige besluit, volkomen aanwezig en alert te zijn in het hier-en-nu. Dat is de wonderbaarlijke waarheid.

*

Jij denkt dat er ergens onderweg iets kapotgegaan is in jou, of dat je wat onderdelen mist. Maar je hebt geen ontbrekende of kapotte onderdelen. Je heelheid is totaal aanwezig in het hier-en-nu.

Vrij zijn van het verleden

Ik heb je gezegd dat het je vrijstaat het leven te leiden dat je verkiest te leiden. 'En dat zit er dik in!' roep jij dan, wijzend op de ketenen aan je voeten.
'Wie heeft die ketenen gemaakt?' vraag ik dan.
'God!' roep jij boos.
'Nee, dat is niet waar. God heeft die ketenen niet gemaakt. Als hij ze gemaakt had, zou je nooit kunnen ontsnappen aan de gevangenis van je eigen overtuigingen.'

*

Zolang je het verleden niet kunt zegenen, heb je niet de vrijheid het achter je te laten. Je kunt niet 'je netten achterlaten' en de vis meenemen. Na verloop van tijd gaat de vis rotten en een verschrikkelijke stank verspreiden. Men kan je al op kilometers afstand ruiken en zich op je komst instellen.
'De Visser komt eraan', zeggen ze. Je verleden snelt je vooruit. Dat is niet de weg naar de vrijheid.
Gooi de vis weg. Geef ze hun vrijheid, opdat jij jouw vrijheid kunt opeisen.

Op het slappe koord

Hoe meer je aan het verleden hecht, of hoe meer waarde je aan een bepaalde toekomstige afloop hecht, des te moeilijker het voor je wordt om 'wat er is' te accepteren en daar iets van te maken.

Wat er in het verleden gebeurd is kan je bevooroordeeld maken ten aanzien van wat er op dit moment gebeurt. Het kan je ervan weerhouden je volledig voor het hier-en-nu open te stellen. Als je in het verleden bijvoorbeeld door iemand gekrenkt werd, ben je wellicht op dit moment bang een relatie met iemand anders aan te gaan.

Sommige dingen horen in de toekomst, niet in het heden. Het zou bijvoorbeeld kunnen dat je in de toekomst ooit wilt trouwen. Maar wanneer je je huidige relatie voortdurend als een potentieel huwelijk bekijkt, geef je die relatie wellicht niet de kans zich op natuurlijke wijze te ontwikkelen.

Het komt erop neer dat je niet precies weet wat er in de toekomst zal gebeuren. Je kunt een globaal idee van de toekomst hebben, op grond van de wijze waarop het heden zich ontwikkelt. Je weet wellicht wat de volgende stap is. Maar dat is wel zo ongeveer alles wat je op dit moment weten kunt.

Om in het hier-en-nu te kunnen zijn, moet je je concentreren op wat je weet en het verleden en de toekomst naast je neerleggen. Als je steeds het verleden erbij haalt of plannen voor de toekomst probeert te maken, ga je achter jezelf aan of op jezelf vooruitlopen. Dan zaai je het zaad voor conflicten, in je binnenste en om je heen. Het is dus een evenwichtsoefening. Je moet het slappe koord bewandelen tussen het verleden en de toekomst. En je kunt niet verwachten dat je daaroverheen loopt zonder naar de ene of de andere kant over te hellen. Maar als dat gebeurt moet je naar de andere kant leunen, zodat je weer in het midden terechtkomt. Het midden zoeken betekent aanwezig zijn. Het betekent dat je je houdt bij wat je weet en laat vallen wat je niet weet. Je weet niet zeker of het verleden zich zal herhalen. Je weet niet of je huidige situatie zich in de toekomst voort zal zetten. Dingen kunnen veranderen of ze kunnen hetzelfde blijven. Oude patronen kunnen verdwijnen of ze kunnen opnieuw verschijnen. Dat soort dingen weet je niet. Het enige wat je weet is wat je vindt over – en voelt bij – wat er op dit moment gebeurt.

Als je het daarbij kunt houden, kun je tegenover jezelf en anderen eerlijk zijn over jouw beleving. Je kunt zeggen welke beloften je kunt doen en wat je op dit moment nog niet kunt beloven. In de toekomst kunnen de dingen veranderen, maar je kunt niet in het hier-en-nu leven in de hoop dat ze gaan veranderen. Je moet je aandacht geven aan wat er nu is, niet aan wat je zou willen dat er was.

Dat is niet eenvoudig. Het verleden zegt: 'Niet te open zijn. Dat is veel te eng. Weet je nog wat er gebeurde toen ...' En de toekomst zegt: 'Dit duurt veel te lang. Waarom waag je de sprong niet gewoon?' Het verleden probeert je tegen te houden en de toekomst probeert je op te jagen; een interessant dilemma, vind je niet?

Eerlijk gezegd is het zo dat je naar beide stemmen moet luisteren en haar gerust moet stellen door ze te laten weten dat je ze gehoord hebt. Dan kun je je evenwicht hervinden en weer in het midden uitkomen. Vervolgens kun je een tempo proberen te vinden dat naar jou gevoel op dit moment het juiste is.

Dát moet een koorddanser doen. Ze kan zich niet druk maken om de keren in het verleden dat ze haar evenwicht verloor. Ze kan niet gaan dromen over een volmaakt optreden in de toekomst. Ze moet zich concentreren op wat er hier en nu aan de hand is. Ze moet de ene voet voor de andere zetten. Elke stap is een kwestie van evenwichtskunst. Elke stap is een kwestie van spiritualiteit.

Gisteren en morgen

Er gaan veel mensen naar helderzienden, astrologen, tarotkenners enzovoorts, in de hoop erachter te komen wat er in de toekomst gaat gebeuren. Je kunt de toekomst echter niet voorspellen.

Toegegeven, er worden patronen in beweging gezet in je leven, maar elk moment biedt je een nieuwe keuze die je lot kan veranderen. Helaas is het zo dat hoe intenser je je bezighoudt met uitzoeken wat je in de toekomst zal overkomen, des te minder aandacht je kunt geven aan de keuzes die je op dit moment moet maken.

Obsessieve aandacht voor het verleden kan even ontwrichtend zijn als gepreoccupeerdheid met de toekomst. Veel mensen gaan naar therapeuten of helderzienden om kennis over het verleden op de doen waarmee hun huidige problemen verklaard kunnen worden. Ze houden zich bezig met diverse vormen van psychoanalyse, droomtherapie, werken met het innerlijke kind, hypnotherapie, teruggaan naar vorige levens, enzovoorts. Hoewel die dingen sommige mensen verder kunnen helpen in hun leven, worden ze voor anderen een moeras. Iets wat als hulpmiddel bedoeld was, wordt een dogma. Een techniek die bedoeld is om je te helpen de bron van je verdriet te ontdekken, wordt een uitnodiging je erin te wentelen en er eeuwig het slachtoffer van te zijn. Je wint op het spirituele pad maar heel weinig bij die excursies naar gisteren en morgen. De geprojecteerde drama's van het verleden en de toekomst vormen alleen maar een afleiding, die je afhoudt van de werkelijke uitdaging, hier en nu tegenwoordig te zijn.

Vroegere levens

Aangezien 'nu' het enige moment is dat er is, vallen alle incarnaties samen. Alle dromen over jezelf zijn in deze droom aanwezig. Daarom heeft het ook geen zin je druk te maken om wie je in een vorig leven geweest bent. Vorige levens bestaan niet, net zomin als vroegere ervaringen bestaan.
Geloven in het verleden beperkt je in je vermogen volkomen aanwezig te zijn in het hier-en-nu. En die aanwezigheid is noodzakelijk als je wilt ontwaken uit de droom van het zelfmisbruik.
Ga niet op zoek naar herinneringen uit het verleden. Als ze in je opkomen, erken ze dan, laat ze tot je doordringen en integreer ze. Doe dat niet om het verleden te bekrachtigen, maar om het te voltooien, zodat je in het hier-en-nu kunt zijn. Alles wat je weghaalt bij je rechtstreekse communie – eenwording – met het leven, heeft geen zin.
Wanneer je het verleden eenmaal hebt losgelaten, is het uit je bewustzijn verdwenen. Ken je die vraag nog: als er in het bos een boom omvalt en niemand hoort het, heeft dat dan geluid gemaakt? Het antwoord luidt 'nee'. Zonder iemand die het beleeft is er geen belevenis.
Daarom werkt zelfvergeving ook. Als degene die het beleefde, ophoudt die belevenis te herbeleven, bestaat de belevenis niet meer en keert degene die het beleefde onschuldig en zonder te zijn misbruikt terug naar het heden.
Bestaan vorige levens? Alleen wanneer je je ze herinnert. En als je je ze herinnert zul je ze blijven herbeleven totdat je jezelf

vergeving kunt schenken.
De sleutel tot dit alles is eenvoudig: ga geen hout verzamelen als je geen vuur wilt maken. Ga niet in de ketel zitten roeren tenzij je de stoofpot wilt ruiken. Ga het verleden niet uit zijn tent lokken tenzij je ermee wilt dansen.
Maar als er brand is in je huis, moet je je spullen pakken en vertrekken. Als de stoofpot staat te pruttelen, moet je hem wel ruiken. Als het verleden door je spiegel danst, kun je niet doen alsof je samadhi bereikt hebt.
Je tegen je bestaan – je belevenissen – verzetten creëert eindeloze omwegen. Maar dat doet zoeken ook.
Verzet je niet. Zoek niet. Pak gewoon aan wat er opkomt zodra het zich voordoet.

Je verhalen laten vallen

Je hoeft je niet druk te maken om wat er in het verleden gebeurd is of in de toekomst gaat gebeuren. Je hebt geen behoefte aan nog meer verhalen die je in slaap sussen.
Je verhalen over het verleden versterken je angsten en rechtvaardigen je zelfbeschermende rituelen. Elke keer dat je contact hebt met wat je wilt, maak je ook contact met alle redenen waarom je dat niet zou kunnen krijgen. Je wilt je baan opzeggen maar dat kan niet ... Je wilt een vaste relatie aangaan maar dat kan niet ... Zo gaat het maar door en door, onophoudelijk en uitzichtloos. Je wilt een frisse wind laten waaien in je leven en tegelijkertijd aan je oude gewoontes vasthouden. Je wilt verandering, maar bent er bang voor.
Jouw pijn is iets bekends. Die wil je niet inruilen voor onbekende pijn. Je geeft de voorkeur aan vertrouwd leed boven niet-vertrouwd leed. Daarom worden de heroïsche plannen voor de

transformatie van je leven, plannen van de spirituele volwassene in jou, ook onvermijdelijk ondermijnd door de angsten van het gekwetste kind in jou, dat zichzelf niet beminnenswaardig vindt en zich daardoor geen voorstelling kan maken van een leven zonder narigheid. Voor het gekwetste kind in je binnenste is elke belofte dat je vrij van ellende kunt zijn een truc, die je ertoe verleidt je verdedigende houding te laten vallen, waardoor je kwetsbaar wordt voor een mogelijke aanval.

In die dubbelhartige sfeer van een psyche die met zichzelf in conflict is, treedt dan een scala aan professionele 'verbeteraars' binnen: psychiaters, hulpverleners, predikers, goeroes met zelfhulpprogramma's. Ze beweren stuk voor stuk het antwoord te hebben, maar elke oplossing die men je biedt draagt alleen maar bij aan het probleem.

Professionele verbeteraars geloven je verhalen dat je geschonden bent, en proberen je beter te maken. Als je verhaal niet sappig genoeg is, helpen ze je het wat meeslepender te maken. Het moet allemaal hoogst dramatisch zijn, over zonde en verlossing gaan. Het komt nooit in hen – of in jou – op dat je wellicht helemaal niet kapot of geschonden bent, dat er wellicht helemaal niets in jou is dat verbeterd of rechtgezet moet worden.

De uiterlijke problemen die je in je leven ziet, zijn projecties van het innerlijke probleem: 'Dit wil ik maar het kan niet.' Als je jezelf toe zou staan te krijgen wat je wilt, of op zou houden het te willen omdat je weet dat je het niet krijgen kunt, zou dat conflict verdwijnen. Hebben wat je wilt, of accepteren dat je het niet krijgen kunt, maakt een einde aan je conflict. Het maakt ook een einde aan je verhaal.

Je hoeft niet meer dramatisch te zoeken als je eenmaal liefde, blijdschap en geluk gevonden hebt ... 'En ze leefden nog lang en gelukkig ...' Einde verhaal. Toneelstuk afgelopen. Wat nu?

Het komt erop neer dat je er niet aan toe bent je drama's op te geven. Je verhaal is een stuk van je persoonlijkheid geworden. Je weet niet wie je bent zonder je verhaal. Je toneelstuk loslaten wil zeggen dat je het verleden op laat lossen, hier en nu.
Als je dat kunt, maakt het niet uit wat er in het verleden gebeurd is. Dat heeft geen invloed. Het bestaat niet meer. Je hebt een schone lei.
Dat wil zeggen dat je op dit ogenblik volkomen verantwoordelijk bent voor wat je kiest. Je hebt geen excuses meer. Je kunt wat er gebeurt niet aan het verleden wijten of aan je karma, want er is geen verleden en geen karma meer.
Wanneer je je leven niet langer interpreteert op grond van wat er gisteren of vorig jaar gebeurd is, wordt wat er gebeurt neutraal. Het is wat het is. Het heeft geen lading.
De vrijheid die je krijgt als je volkomen aanwezig en verantwoordelijk bent in het hier-en-nu, is ontzagwekkend. Er zijn slechts weinig mensen die dat willen.
De meesten onder jullie dragen hun verleden als een soort van erepenning. Jullie blijven in het drama zitten omdat jullie er dol op zijn. En dus moet je alle zogenaamde wonden helen die je denkt te hebben. Het maakt niet uit dat die wonden niet echt zijn. Voor jullie zijn ze echt genoeg.
En zo gaat het drama maar verder: 'Ik zoek maar ik kan het niet vinden. Ik wil maar ik kan het niet krijgen.'

Vrijheid versus zekerheid

Je wilt vrij zijn, maar je wilt ook zekerheid.
Probeer iemand die in de gevangenis drie keer per dag te eten krijgt maar eens duidelijk te maken dat vrijheid op zichzelf al zekerheid betekent. Zij/hij wil gewoon die drie maaltijden per dag,

hoe dan ook. Daarna wil zij/hij nog wel eens over vrijheid praten.

Als je hecht aan wat je al hebt, hoe kun je dan iets nieuws introduceren? Iets nieuws introduceren, iets fris, iets onvoorspelbaars, betekent dat je iets ouds, iets mufs, iets gewoons los moet laten.

Als je iets creatiefs in jezelf wilt manifesteren, moet je alles wat niet creatief is opgeven. In de ruimte die door dat opgeven ontstaat, stroomt de creativiteit binnen.

Wanneer je beker vol is met oude, koude thee, kun je er geen verse, warme thee in schenken. Je moet de beker eerst leegmaken. Pas dan kun je hem vullen.

Wanneer je je drama op wilt geven, moet je eerst uitzoeken hoeveel belang je eraan hecht. Wat levert het je op dat je niet vindt, niet geneest, niet nog lang en gelukkig leeft?

En wees eens eerlijk. Als je je ellende niet wilt verwerken, spreek dan de waarheid. Zeg: 'Ik ben er nog niet aan toe mijn ellende te verwerken.' Zeg niet: 'Ik wou dat ik van die ellende af was, maar dat kan niet.' Dat is een leugen. Je kunt ervan af zijn, maar die keuze maak je niet. Misschien geniet je wel van de aandacht die je als slachtoffer krijgt.

Je kunt het spirituele pad pas bewandelen als je klaar bent met slachtoffer zijn. Als je leert verantwoordelijkheid te aanvaarden, zijn er geen excuses. Als je er niet aan toe bent, zeg je: 'Ik ben er niet aan toe.' Als je eraantoe bent, vloeien je daden uit die bereidheid voort, en daden zeggen altijd meer dan woorden.

Door gesloten deuren gaan

Het leven kent zijn eigen ritme. Als je je overgeeft, vind je dat ritme. Maar je overgeven is niet zo makkelijk.

Je overgeven betekent dat je elk moment als iets nieuws benadert. En daartoe moet je niet hechten aan wat er *zojuist* gebeurd is. Je kunt er blij mee zijn. Je kunt het koesteren. Maar je moet het zijn eigen gang laten gaan.
Je kunt wat er gebeurt niet in de hand houden. Je kunt er alleen maar open voor staan of je ertegen verzetten. Als je verwachtingen hebt, verzet je je. Verzet je niet. Hecht niet aan het verleden en koester geen verwachtingen ten aanzien van de toekomst.
Laat gewoon tot je doordringen wat er is. Breng alles naar het hier-en-nu. Breng de gehechtheden en de verwachtingen naar het hier-en-nu. Wees je bewust van je weerstand. Zie het drama van je teleurstelling. Zie dat je niet gekregen hebt wat je wilde. Zie hoe je je als gevolg daarvan voelt. Kijk ernaar. Voel het. Maar verlies jezelf niet in dat drama.
Als je het drama kunt zien zonder erop te reageren, kun je geankerd blijven in het hier-en-nu. Je kunt tegenwoordig blijven. Je kunt zien welke deuren dicht zijn en welke open staan.
Probeer alsjeblieft niet door een dichte deur te gaan. Dan doe je jezelf onnodig pijn. Wanneer je niet weet waarom een deur dicht is, respecteer dan in ieder geval het feit dát hij dicht is. En ga niet knokken met de deurknop. Als de deur open zou zijn, zou je het weten. Willen dat hij open was maakt hem nog niet open.
Veel van de narigheid die je in je leven tegenkomt ontstaat als je probeert door een dichte deur te gaan, of een vierkante pen in een rond gat probeert te slaan. Je probeert iemand vast te houden die klaar is om losgelaten te worden, of iemand iets te laten doen voordat zij/hij eraantoe is. In plaats van te accepteren wat er is en het daarmee te doen, ga jij je ermee bemoeien en het zodanig proberen te manipuleren dat het aan jouw vermeende behoeftes tegemoetkomt.
Dat werkt natuurlijk niet. Als je je bemoeit met wat er is, creëer

je wrijving voor jezelf en anderen. Je gaat over de grens. Je staat in de weg.
Daarom is het zo noodzakelijk dat je je daarvan bewust bent. Als je weet dat iets niet loopt, moet je een stap achteruit doen en beseffen dat jouw bemoeienissen niets bijdragen. Je moet pas op de plaats maken, pauzeren en nadenken. Je moet ophouden met waar je mee bezig bent, want het werkt niet en je wilt de situatie niet erger maken dan hij al is.
Als je bent opgehouden, geef dan je fout toe, eerst tegenover jezelf en vervolgens tegenover anderen. Dat is vergeving in haar eenvoudigste vorm.
Wanneer je tussenbeide komt in de natuurlijke orde der dingen, ontstaat er leed. Zodra je ophoudt je ermee te bemoeien, komt het leed ten einde.

Het vuur der verandering

De meeste uiterlijke veranderingen volgen op het innerlijk verleggen van de loyaliteit en de aandacht. Als iemand een relatie niet meer is toegedaan, vindt er een verschuiving plaats. Je onttrekt je energie aan iets en geeft er een nieuwe richting aan.
Je kunt van mening verschillen over de vraag of het goed of fout is dat iemand zijn beloften verandert, tot je een ons weegt, maar daar schiet je niets mee op. Je kunt anderen er niet van weerhouden verder te gaan met hun groei, ook al ben jij het niet met hun beslissingen eens.
Als je goed kijkt, zie je dat elk ogenschijnlijk 'verlies' een onverwachte winst met zich meebrengt. Wanneer iemand een relatie waarin men steeds minder intiem met elkaar wordt achter zich laat, wordt ook de ander vrijgelaten.
En precies zo stort je carrière in elkaar zodra jij die niet meer

bent toegedaan. Hij is niet meer zo uitdagend en leuk als vroeger. Je kunt die verandering aan je baas wijten, maar dan mis je waar het om gaat. De baan loopt niet meer omdat jij er je liefde, je steun en je toewijding niet meer aan geeft.

Pogingen je aan de baan of de relatie vast te klampen, helpen je niet verder in je leven. Maar wees niet verbaasd als het een poos duurt voor je het los kunt laten.

Wanneer iets in je leven niet goed loopt, probeer je het te repareren. En vervolgens, als dat niet lukt, doe je wellicht een poosje alsof het in orde is terwijl dat niet zo is. En uiteindelijk besef je dat je er gewoon met je hart niet bij bent, bij de baan of de relatie. Dat is het moment dat je eraantoe bent om het los te laten.

Loslaten vraag een flinke hoeveelheid moed. Er komt altijd een zekere mate van pijn bij kijken als je iemand of iets dat je ooit vreugde geschonken heeft los gaat laten. Je moet geduldig zijn en rouwen om het verlies. Maar als de rouw voorbij is, zul je de dingen anders zien. Er doen zich kansen in je leven voor waar je niet van had durven dromen.

Zodra het oude sterft, wordt het nieuwe geboren. De feniks verrijst uit de as van de ondergang.

Het vuur der verandering is nooit makkelijk te verduren. Maar wanneer je je overgeeft, is de vuurzee snel voorbij. In de verrijkte bodem kun je dan de zaden voor morgen zaaien.

De open deur

Je bent een engel

Engelen zijn geen twee meter lange schepsels met vleugels. Het zijn wezens die geleerd hebben zichzelf te erkennen. Omdat zij door de deur gegaan zijn, kunnen ze die deur voor jou openhouden.
Zie de engelen niet buiten jezelf. Daar zul je ze niet vinden. Ze leven in een dimensie die je alleen via je hart kunt bereiken.

Wachten op de open deur

Als de ene deur dicht is, moet je geduldig wachten tot de volgende zich opent. Zolang je jezelf en anderen vergeeft, hoef je niet zo lang te wachten. De deuren blijven alleen dicht wanneer je aan je verontwaardiging en wrok vasthoudt.
Het helpt niet om je druk te blijven maken om je fouten en je er rot om te voelen. Schuldgevoel draagt er niet toe bij dat je je verantwoordelijker gaat gedragen tegenover anderen. Maar als je van je fouten leert, draagt dat er wel toe bij dat je meer verantwoordelijkheid op je neemt en de draad van je leven weer oppakt.
Dat soort aanpassingen zijn een natuurlijk en vanzelfsprekend onderdeel van een harmonieuze manier van leven. Je kunt niet altijd gelijk hebben. Je maakt ongetwijfeld fouten, maar wanneer je die kunt toegeven en rechtzetten, kun je op het rechte spoor blijven. Dan blijven er deuren voor je opengaan.
Er ontstaat een vorm van barmhartigheid door die voortdurende correctie. Dan maakt het niet meer uit hoe vaak je van het pad afdwaalt of iets verkeerd doet. Dan lach je om je fouten en laat ze achter je.

Schuldgevoel is niet constructief. Als je niets kunt doen om de situatie te verbeteren, accepteer die dan gewoon zoals die is. Soms valt er niets aan te doen. Het is niemands schuld. Het leven is gewoon zoals het is. En dat is goed genoeg.
Door het besef dat het leven goed is zoals het is, hoe haveloos en onaf het ook moge lijken, ontstaat er ruimte voor beweging. Dan kan er een verschuiving plaatsvinden. Er kan een deur opengaan.
De belangrijkste deur is de deur naar je hart. Als die open is, huist het hele universum in jou. Als die dicht is, sta je alleen, met de hele wereld tegenover je.
Heb vertrouwen, en de rivier stroomt door je hart. Koester wantrouwen, en de rivier wordt tegengehouden door een dam.
Een weerspannig hart wordt snel moe. Het leven valt je dan zwaar. Maar een hart dat openstaat is vol energie. Het danst en zingt.
Wanneer de deur in je hart openstaat, gaan alle belangrijke deuren in de wereld open. Je gaat in de richting waar je bestemming ligt. Niets staat jouw doel of bestemming in de weg. Alles wat je bent ontplooit zich heel natuurlijk op het juiste moment, zonder inspanning of remming.

De dans van acceptatie

Acceptatie is een levenslange dans. Hoe meer je het doet, hoe beter je erin wordt. Maar je danst nooit volmaakt. Er blijft angst en weerstand in je opkomen en je beweegt je daar naar beste vermogen doorheen.
Bij de dans van acceptatie wordt het onbewuste bewust. Je angst wordt je partner.
Je danst met de binnenkant en de buitenkant. Je danst met wat er gebeurt en met wat je dienaangaande denkt en voelt. Er is nooit

een moment waarop je van de dansvloer kunt stappen en een dutje kunt gaan doen.
Soms word je moe en roep je: 'Ik dans niet meer.' Maar dan, onverwacht, word je verliefd, of iemand doet je een zakelijk voorstel dat je niet kunt weigeren. Zodra je echt doorhebt *dat de keizer geen kleren aanheeft*, staat zijn ontwerper voor de deur met de nieuwste mode.
Hoe hard je het ook probeert, je kunt je niet aan het drama onttrekken. Je kunt de dans niet stilleggen. Die gaat door, met jou of zonder jou.
Fouten en vergissingen horen bij het dansen. Sommige mensen weten dat echter niet. Hun onderneming mislukt of hun partner gaat weg en ze slaan volledig op tilt. Ze hebben heel hoog ingezet.
Hoe ongelukkiger je bent, des te moeilijker het dansen wordt, omdat je dan met je ongeluk moet dansen. Daarom is acceptatie als spirituele oefening ook zo belangrijk. Hoe meer je je leven kunt accepteren zoals het is, des te makkelijker de dans wordt.

De poëzie van het Zijn

Je vindt de eenvoudige schoonheid en majesteit van het leven in het cyclische ritme ervan: het opgaan en ondergaan van de zon, de maanstanden, de wisseling der seizoenen, het kloppen van je hart, de ritmiek van de ademhaling.
Herhaling geeft continuïteit, vertrouwdheid en veiligheid. Toch staan veel mensen tegenwoordig los van de ritmes in de natuur en hun eigen lichaam. Dat is een van de tragedies van het hedendaagse bestaan: de verbinding met de aarde, het stoffelijke lichaam, de adem, is verstoord.
Er vinden voortdurend veranderingen plaats zonder dat men tijd

heeft om erbij stil te staan en ze te integreren. Relaties zijn voorbij nog voordat men een vorm van intermenselijke uitwisseling op gang heeft kunnen brengen. Het landschap van het hart vertoont de kraters van emotionele eisen die het zachte weefsel kapotscheuren. Vertrouwen wordt aangetast, geduld vergeten.
Hoe onstabieler het leven zich voordoet, des te meer men neigt naar de 'zekerheid' die gezagsdragers beloven. Mensen trouwen met gezagsdragers. Ze kiezen hen. Ze gaan naar hun kerken en worden lid van hun sekten. Maar toch vallen geleidelijk al die gezagsdragers door de mand en moeten hun volgelingen de brokstukken van hun leven bijeenrapen.
Iedereen die naar de hemel reikt zonder zijn wortels in de aarde te hebben, maakt dingen mee die hem een flinke opduvel bezorgen. Op den duur kom je terug, met de spade in de hand, en begin je te planten.
Alles wat zich opwaarts ten hemel wentelt, moet terugvallen naar de aarde, misbruikt, versplinterd en verlaten. Wat geen wortels heeft, leert wortels krijgen. Wie het gezag buiten zichzelf gezocht heeft, leert het in zichzelf te vinden.
En dan, met de voeten stevig in de aarde geplant, ziet je oog de opeenvolging van zon en maan. Je zintuigen voelen het sap dat opstijgt in de lente en de bladeren die opdwarrelen in de herfst. Bloedsomloop en ademhaling werken weer. Het ritme keert terug. Er wordt een gevoel van veiligheid gere-creëerd, daar waar het van oorsprong huist: in ieder mensenhart.
Het zijn niet alleen je handen die naar de hemel reiken, het zijn je voeten die geworteld zijn in de grond, waarmee je de hemel op aarde brengt. Spiritualiteit betekent net zo goed 'leven met' als 'leven voor'. Dat is de poëzie van het Zijn, het ritme van het leven dat zich in ieder mens en in iedere relatie ontvouwt, van ogenblik tot ogenblik.

Als er sneeuw valt

Als er sneeuw valt, bedekt die de grond, de planten, bomen, huizen en wegen met een witte deken. Alles ziet er fris, nieuw, onschuldig uit. Hetzelfde heb je bij vergeving: de wrok uit het verleden wordt opgelost, oordelen worden vervangen door acceptatie. In het licht van vergeving zie je je problemen en uitdagingen anders. Je hebt het gevoel dat je je leven aankunt, precies zoals het is.

Als je in pasgevallen sneeuw loopt, laat je verse voetstappen achter. Je verstopt je niet meer of doet niet meer alsof je je inhoudt. Je bent er dapper op uit gegaan en iedereen kan je volgen.

Vergeving is net zo 'verstrekkend' als die sneeuw. Iedereen in je leven wordt erdoor geraakt. Maar je moet wel bereid zijn vergeving te ontvangen, zoals ook de grond de sneeuw ontvangt. Je moet bereid zijn je te laten bedekken en zuiveren door iets dat groter is dan jij.

Bij elke succesvolle relatie wordt vergeving bij voortduring toegepast. Zonder vergeving kan er tussen mensen geen sprake van communie – eenwording – zijn. In plaats daarvan worden oude kwetsuren verergerd door verborgen rancune.

Dat werkt niet. Je moet je negatieve gedachten en gevoelens op zijn minst dagelijks opruimen. Ga niet slapen als je boos op elkaar bent. Laat de zon niet opkomen of ondergaan zonder vrede te sluiten. Koester je relaties. Wees bereid gedachten en gevoelens die alleen maar kunnen kwetsen en uiteendrijven te laten varen.

Zoek bij je gezamenlijke dans wegen om elkaar te vinden en milder te worden wanneer je boos en gekwetst bent. Ontmoet elkaar als gelijken en geef toe waar je bang voor bent. Laat de